ANIMAIS, NOSSOS IRMÃOS

Eurípedes Kühl

Animais, Nossos Irmãos
Copyright by © Petit Editora e Distribuidora Ltda. 1995
1ª Edição/impressão: Maio/95 - 10.000 exemplares
2ª Reimpressão: Setembro/95 - 5.000 exemplares
3ª Reimpressão: Fevereiro/96 - 10.000 exemplares
4ª Reimpressão: Janeiro/97 - 10.000 exemplares
5ª Reimpressão: Junho/97 - 15.000 exemplares

Capa, Criação e arte final:
Flávio Machado

Foto da capa:
Marcelo Kura

Fotolito da capa:
Stap – Stúdio Gráfico

Projeto gráfico e Editoração eletrônica:
Petit – Editoria de Arte

Dados Internacionais de Catalogação na Publicação (CIP)
(Câmara Brasileira do Livro, SP, Brasil)

133.9 Kühl, Eurípedes, 1934–
K98a Animais, nossos irmãos / Eurípedes Kühl.
– São Paulo : Petit, 1995.

ISBN 85-7253-025-8

1. Espiritismo I. Título

Índices para catálogo sistemático:

1. Espiritismo 133.9

Impresso no Brasil no inverno de 1997

ANIMAIS, NOSSOS IRMÃOS

Eurípedes Kühl

PETIT EDITORA E DISTRIBUIDORA LTDA.
Rua Atuaí, 383 - Vila Esperança - Cep. 03646-000
São Paulo - SP
Correspondência para:
Caixa Postal 67545 - Ag. Almeida Lima - CEP 03102-970
São Paulo - SP

Conheça aqui outras obras do autor:

Tóxicos: Duas Viagens

Sexo: Sublime Tesouro

Genética e Espiritismo

O Prisma das Mil Faces (mediúnico)

O Quartel e o Templo (mediúnico)

Tráfico - Doloroso Resgate (mediúnico)

De nossa Edição

Sempre há uma Esperança (mediúnico)

Infidelidade e Perdão (mediúnico)

Fragmentos da História pela Ótica Espírita

DEDICATÓRIA

Aos filhos amados, Maria Lúcia e Eurípedes,
autorizados por Deus a iluminar nosso lar e nossos
corações (o da Lucy, sua mãe, e o meu);
bem como ao "Branquelo", "Baixinha" e
"Fusquinha", animaizinhos que proporcionam em
nossa casa um clima de mais alegria,
companheirismo e amor,
dedico esta obra.
Ribeirão Preto/SP - 1994

O autor

SUMÁRIO

PREFÁCIO 9
INTRODUÇÃO 11
PRÓLOGO (História d'um cão) 15

1 - A TERRA 21
2 - A LUA 26
Marés
3 - A VIDA 28
Corpos inorgânicos
Cristalização
Seres orgânicos
Fluido Cósmico ("Sopro Divino")
Matéria Cósmica Primitiva
Princípio Vital
4 - O ESPÍRITO 41
5 - SERES VIVOS 44
Origem
Roteiros Evolutivos
Homem
Animais
Funções
Vegetais
Micróbios
Animais
6 - OS ANIMAIS E O PROGRESSO 50
Bovinos
Cavalo
Elefantes e Camelos
Caprinos
Cães
Gatos
Aves
Marsupiais
Peixes
Cetáceos
7 - A DOR 64
A presença da dor nas experiências com animais
Dor-evolução
Dor-expiação
Dor-auxílio
Presença da dor na Terra
Homens
Animais
Vegetais
Minerais

A dor no século XXI
Fato 1 - Presença da dor
Fato 2 - Ausência da dor
Fato 3 - Fundamento espiritual da dor
8 - OS ANIMAIS E O ESPIRITISMO.. 77
Um Edifício chamado Espiritismo
Inteligência
Instinto
Linguagem
Alma
Reencarnação
Metempsicose
Elo entre animal e hominal
Elos da vida
Animais em outros mundos
Animais no "outro mundo"
Animais: médiuns?
Alimentação animal
9 - ANIMAIS: ESPÉCIES EXTINTAS.. 118
10 - HOLOCAUSTOS.. 122
Imolação de animais
Velho Testamento
Candomblé
Atualidade
11 - OS ANIMAIS E O SAGRADO DIREITO À VIDA.. 128
As pesquisas científicas e os matadouros
Animais
O Homem
12 - PROTEÇÃO AOS ANIMAIS.. 133
Religiões e religiosos
Velho Testamento
Jesus
São Francisco de Assis
São Basílio
Islamismo
Pensadores
13 - JESUS: A LEI DO AMOR E OS SENTIDOS.. 138
Matadouros
14 - AMOR E RESPEITO AOS ANIMAIS.. 143
Educação infantil
Piedade
Animais abandonados
Eutanásia-animal
Cemitério para animais
Agressões e defesa
15 - É BOM NÃO LEMBRAR.. 150
16 - CONCLUSÃO.. 152
17 - BIBLIOGRAFIA.. 156

PREFÁCIO

Esta obra foi inspirada pelo amor aos animais, que como nós, são também filhos de Deus – portanto, nossos irmãos.

Irmãos menores, mas irmãos.

Menores porque ainda sem a inteligência contínua.

Delineia-se ao nosso entendimento que tudo aquilo que é criado por Deus – e todos os seres o são – tem o divino impulso evolutivo.

A evolução, assim, para tudo e para todos é inexorável, por lei Divina.

Vemos como se processa o aperfeiçoamento espiritual dos seres, desde sua criação, palmilhando os reinos naturais, do irracional ao hominal – tudo em seqüência, obedecendo escala progressiva perfeita.

Progresso alcançando ser a ser, mas sempre com auxílio permanente que emana do Criador, além daquele que pode e deve partir do próximo.

Como principal objetivo, o autor laborou o pensamento e retransmite aos leitores um convite ao despertamento e a maravilha da criação de Deus. Apresenta, para isso, indicativos lógicos para a dedução de que, de início, fomos animais também...

Tal reflexão, se aceita, levar-nos-á ao indispensável abandono da indiferença para o que acontece com os animais – todos eles!

Sendo o mundo uma grande casa-escola, cada ser vivo é um inquilino-aluno.

Disto decorre que dever cristão individual e intransferível é aquele que levará o aluno da classe superior a arrimar o que vem mais atrás, em aprendizado incessante.

Com isso, estaremos ouvindo e agindo, segundo os ensinamentos de Jesus, relativos ao Amor Integral.

Vida, liberdade, respeito e Amor são direitos que requeremos do mundo, de forma consuetudinária e ardente, por considerá-los bens inalienáveis.

Ora, se acreditamos que os animais são filhos do mesmo Pai, que aqueles direitos concede, qual a nossa responsabilidade em excluí-los desse contexto?

Consideramos que este livro contém a resposta.

Ribeirão Preto/SP – 21.Abril.1994

Nilson Guiselline

INTRODUÇÃO

Todos os seres vivos têm direito à Vida: ninguém, a não ser Deus, Aquele que a criou e que pode concedê-la, pode subtraí-la!

A lei universal do equilíbrio na convivência apóia-se no fato de que só será lícito agir mudando algo, quando possível seja reagir, ou retroagir, recompondo o "statu quo" inicial da ação.

Assim, não há como discordar da premissa que encima esta página, sendo equivocada qualquer ação que resulte na morte de um ser vivo, pelo simples fato de que a morte é irreversível.

O objetivo desta obra é sensibilizar os leitores para o fato de que os animais, tanto quanto nós, têm o inalienável e sagrado direito à Vida – num viver com respeito e proteção.

Para tanto:

– pesquisamos obras literárias científicas que tratassem de Zoologia para alicerçar os aspectos técnicos deste livro;

– buscamos encontrar nas Religiões os fundamentos filosóficos da Vida – a dos animais inclusive;

– visitamos cientistas universitários e com eles nos entrevistamos, em seus laboratórios, levando-nos isso a identificar uma intensa quanto estreita relação científica homem-animal;

– visitamos zoológicos e circos que utilizam animais;

– conversamos com inúmeras pessoas ligadas profissionalmente à vida animal.

Após a coleta de todo esse material – social/filosófico/religioso/científico –, propusemo-nos a passar para eventuais interessados bases adequadas de julgamento que viessem a possibilitar difíceis decisões em suas vidas, relativas à mudança de pensamento e de comportamento para com os animais.

Todos os assuntos expostos nesta obra, citando pessoas, locais ou estatísticas, têm como fonte jornais (agências de notícias nacionais e internacionais), revistas, publicações técnicas (livros e periódicos), além de dados enciclopédicos e notas do nosso arquivo pessoal.

Tais fontes foram geralmente citadas para facilitar consultas, na eventualidade de interesse em maiores detalhes.

Não estamos julgando ninguém "a priori", o que seria imperdoável leviandade.

Mas é inegável que muitas pessoas desconhecem os desdobramentos espirituais das ações do plano material, dentre as quais, infelizmente, incluem-se o desrespeito e a crueldade para com os animais.

Informá-las disso, eis o principal motivo desta obra.

O que este livro contém não é destinado só para espíritas como nós.

A Doutrina Espírita é rica em conceitos que abrangem todas as áreas do comportamento humano, máxime do comportamento espiritual.

O tema "animais" não foi excluído dela, antes, pelo contrário, é pródiga a massa de informações que permeia a literatura espírita, mas de forma generalizada.

Por isso, decidimos pela empreitada de estudar todas as possíveis nuances que envolvem a questão, de forma a oferecer aos interessados uma visão mais abrangente e detalhada sobre a vida e a morte desses nossos companheiros de morada terrena (e espiritual), os animais.

Logo percebemos que as obras que tratam dos animais, se científicas, abordam temas específicos de determinada espécie e, se espíritas, a questão é tratada esparsamente.

Das segundas, depreende-se que os animais têm alma (diferente da humana), inteligência rudimentar, evoluem, sobrevivem à morte, e, que, na Terra, merecem o respeito e a proteção do homem.

Restou-nos o desejo de reunir e ampliar o entendimento, já que inúmeros ângulos precisavam de maior iluminação, sendo isso cobrado pelo nosso espírito, sob a chancela da curiosidade.

Então, saindo dessa superfície, logramos adentrar num mundo maravilhoso, onde a Vida espelha a Sabedoria de Deus e onde Entidades Angelicais, sempre agindo em nome do bem, cuidam dos animais e por eles têm amor!

Todos os indicativos naturais da vida nos conduziram à certeza de que ontem éramos animais, quais os que hoje nos servem.

Depois, outras certezas:

– amanhã, esse mesmo animal ingressará no reino hominal; se nós ainda não estivermos no estágio angelical, talvez ele poderá ser da nossa família...;

– a dor que infligimos ao animal coloca-nos diante da Lei de Causa e Efeito como devedores de iguais padecimentos;

– o mundo é uma grande escola e uma grande casa, como a nossa própria – todas as casas pertencem a Deus e os seres vivos terrenos nelas não passam de inquilinos temporários...;

– por tudo isso, todos somos irmãos: homens e animais!

Prudente será que o mais breve possível nos integremos no contexto do Amor universal, qual a mãe-natureza que desde nossa criação vem abençoando a todos os seus filhos.

– homens e animais. Se aos primeiros, por mérito, é dispensado o incomparável dom da inteligência, os segundos estão em seu caminho para disso se beneficiar, tanto quanto os Anjos, igualmente por mérito, têm a Pureza e a Luz, que estão sempre repassando à Humanidade.

Eis por que os animais, nossos irmãos inferiorizados na escala biológica, mas herdeiros semelhantes a nós das benesses divinas, têm os mesmos direitos que requeremos do mundo: a vida, a liberdade, o respeito e o Amor!

Moveu-nos a preocupação constante de evitar colisões com as Ciências e principalmente com a Doutrina Espírita.

Mas, se falhas estão presentes, aqui ou ali – e certamente que sim –, devem todas ser debitadas exclusivamente às nossas lembradas limitações, que, desde já, à tolerância dos leitores rogamos perdoar.

Ao final, implorando inspiração ao Criador, redigimos as páginas seguintes com a alma plena de sincero amor pelos animais.

O pedido maior, porém, que fizemos a Deus, é que pelos menos um animal se beneficiasse deste livro.

HISTÓRIA D'UM CÃO

por *Luis Guimarães*

Eu tive um cão. Chamava-se Veludo;
Magro, asqueroso, revoltante, imundo;
Para dizer numa palavra tudo
Foi o mais feio cão que houve no mundo.

Recebi-o das mãos d'um camarada
Na hora da partida. O cão gemendo
Não me queria acompanhar por nada:
Enfim – mau grado seu – o vim trazendo.

O meu amigo cabisbaixo, mudo,
Olhava-o... o sol nas ondas se abismava...
"Adeus" – me disse –, e ao afagar Veludo
Nos olhos seus o pranto borbulhava.

"Trata-o bem. Verás como rasteiro
Te indicará os mais sutis perigos;
Adeus! E que este amigo verdadeiro
Te console no mundo ermo de amigos."

Veludo a custo habituou-se à vida
Que o destino de novo lhe escolhera;
Sua rugosa pálpebra sentida
Chorava o antigo dono que perdera.

Nas longas noites de luar brilhante,
Febril, convulso, trêmulo, agitando
A sua cauda – caminhava errante
À luz da lua – tristemente uivando.

Toussenel, Figuier e a lista imensa
Dos modernos zoológicos doutores
Dizem que o cão é um animal que pensa:
Talvez tenham razão estes senhores.

Lembro-me ainda. Trouxe-me o correio,
Cinco meses depois, do meu amigo
Um envelope fartamente cheio:
Era uma carta. Carta! Era um artigo

Contendo a narração miúda e exata
Da travessia. Dava-me importantes
Notícias do Brasil e de la Plata
Falava em rios, árvores gigantes:

Gabava o "steamer" que o levou; dizia
Que ia tentar inúmeras empresas:
Contava-me também que a bordo havia
Mulheres joviais – todas francesas.

Assombrava-se muito da ligeira
Moralidade que encontrou a bordo:
Citava o caso duma passageira...
Mil cousas mais de que me não recordo.

Finalmente, por baixo disso tudo
Em nota bene do melhor cursivo
Recomendava o pobre do Veludo
Pedindo a Deus que o conservasse vivo.

Enquanto eu lia, o cão tranqüilo e atento
Me contemplava, e – creia que é verdade –
Vi, comovido, vi nesse momento
Seus olhos gotejarem de saudade.

Depois lambeu-me as mãos humildemente,
Estendeu-se a meus pés silencioso
Movendo a cauda – e adormeceu contente
Farto d'um puro e satisfeito gozo.

Passou-se o tempo. Finalmente um dia
Vi-me livre daquele companheiro;
Para nada Veludo me servia,
Dei-o à mulher d'um velho carvoeiro.

E respirei! "Graças a Deus! Já posso"
Dizia eu "viver neste bom mundo
Sem ter que dar diariamente um osso
A um bicho vil, a um feio cão imundo."

Gosto dos animais, porém prefiro
A essa raça baixa e aduladora
Um alazão inglês, de sela ou tiro,
Ou uma gata branca cismadora.

Mal respirei, porém! Quando dormia
E a negra noite amortalhava tudo,
Senti que à minha porta alguém batia:
Fui ver quem era. Abri. Era Veludo.

Saltou-me às mãos, lambeu-me os pés ganindo,
Farejou toda a casa satisfeito;
E – de cansado – foi rolar dormindo
Como uma pedra, junto do meu leito.

Praguejei furioso. Era execrável
Suportar esse hóspede inoportuno
Que me seguia como o miserável
Ladrão, ou como um pérfido gatuno

E resolvi-me enfim. Certo, é custoso
Dizê-lo em alta voz e confessá-lo:
Para livrar-me desse cão leproso
Havia um meio só: era matá-lo.

Zunia a asa fúnebre dos ventos;
Ao longe o mar na solidão gemendo
Arrebentava em uivos e lamentos...
De instante a instante ia o tufão crescendo.

Chamei Veludo; ele seguiu-me. Entanto
A fremente borrasca me arrancava
Dos frios ombros o revolto manto
E a chuva meus cabelos fustigava.

Despertei um barqueiro. Contra o vento,
Contra as ondas coléricas vogamos;
Dava-me força o tôrvo pensamento:
Peguei num remo – e com furor remamos.

Veludo à proa olhava-me choroso
Como o cordeiro no final momento.
Embora! Era fatal! Era forçoso
Livrar-me enfim desse animal nojento.

No largo mar ergui-o nos meus braços
E arremessei-o às ondas de repente...
Ele moveu gemendo os membros lassos
Lutando contra a morte. Era pungente.

Voltei a terra – entrei em casa. O vento
Zunia sempre na amplidão, profundo.
E pareceu-me ouvir o atroz lamento
De Veludo nas ondas moribundo.

Mas ao despir dos ombros meus o manto
Notei – oh, grande dor! – haver perdido
Uma relíquia que eu prezava tanto!
Era um cordão de prata: – eu tinha-o unido

Contra o meu coração constantemente
E o conservava no maior recato,
Pois minha mãe me dera essa corrente
E, suspenso à corrente, o seu retrato.

Certo caíra além no mar profundo,
No eterno abismo que devora tudo;
E foi o cão, foi esse cão imundo
A causa do meu mal! Ah! Se Veludo

Duas vidas tivera – duas vidas
Eu arrancara àquela besta morta
E àquelas vis entranhas corrompidas.
Nisto senti uivar à minha porta.

Corri – abri... Era Veludo! Arfava:
Estendeu-se a meus pés –, e docemente
Deixou cair da boca que espumava
A medalha suspensa da corrente.

Fora crível, oh Deus? – Ajoelhado
Junto do cão – estupefato, absorto,
Palpei-lhe o corpo: estava enregelado;
Sacudi-o, chamei-o! Estava morto.

O autor desse lírico e não menos monumental (em todos os sentidos...) poema, apresentado aqui na ortografia original, Luis Caetano Pereira Guimarães Júnior, nasceu no Rio de

Janeiro, em 1845, e desencarnou em Lisboa, em 1898. Diplomata de carreira, serviu em diversos países. Foi membro fundador da Academia Brasileira de Letras.

Aqui, em alguns instantes, esse cantar dolorido parece vir das entranhas mais recônditas da alma de alguém desterrado, ficando difícil definir se o espelho da solidão e da saudade refletia o viajante ou seu cão...

Os sentimentos do poeta indicam que talvez tenham sido inspirados nele próprio – sua vida nômade, como acontece com os diplomatas – deixando para trás lembranças, amores, saudades.

Em nossa infância, lendo a "História d'um Cão", num dos tomos de *O Tesouro da Juventude*, ficamos dias e dias impressionados com o discurso nele embutido, em defesa dos animais.

Dificilmente a fidelidade, humildade e perdão, virtudes aqui atribuídas aos cães e tão deslembradas entre muitos homens, encontrarão paralelo narrativo como este.

Sensibilizados pelo poema, seguramente, isso muito influenciou nossa postura para com os animais, desde então.

E, a cada leitura, tanto a partir da primeira quanto agora, já decorridos cinqüenta anos, gotas de pranto orvalham-nos o rosto.

A TERRA

Supõe a Ciência que nosso planeta teria se formado aproximadamente há 4,5 bilhões de anos, a partir de uma porção gasosa, de altíssima temperatura, que teria se desprendido do Sol.

Há outra hipótese científica: concentração de nuvens gasosas, as quais, nesse caso, teriam formado todo o sistema solar.

A última hipótese configura que a tremenda massa concentrada, em movimento expansionista pela vastidão cósmica, girando em grande velocidade, teria feito desprender porções incandescentes, que teriam originado os planetas.

Tais porções, por força da lei de atração dos corpos, tornaram-se cativas da massa central, tendo elas próprias movimentos orbitais eternos.

Em ambas as hipóteses, temos que a Terra é "filha" do Sol.

A porção que constituiu a Terra, deslocando-se ao redor do Sol numa órbita elíptica, teve, desde o início, a velocidade constante de aproximadamente *108* mil km/h (velocidade de translação); esse movimento é chamado de "revolução" e se dá num plano imaginário, cuja órbita é da "eclíptica" (círculo máximo na esfera celeste, o qual corresponde à órbita *aparente* do Sol em volta da Terra).

– Por dia, a Terra percorre 2,5 milhões de km!

Girando sobre si mesma (movimento de rotação), durando 24h cada giro completo, essa matéria tendeu a arredondar-se, além de, paulatinamente, perder calor e, em conseqüência, resfriar-se. Nesse resfriamento essa gigantesca massa gasosa teria se condensado e decantado, enrijecendo e fraturando sua camada exterior, por enrugamento.

De seu núcleo, até hoje fundente, pouco se sabe.

O centro da Terra está a 6.366 km da superfície e é constituído de níquel e ferro em estado de fusão, a uma temperatura que oscila de 2.500 a 5.000°C. Por sua composição esse núcleo recebeu o nome de "NIFE" (nome formado pelas primeiras sílabas dos elementos citados).

As notícias mais concretas desse núcleo são dadas periodicamente pelos vulcões, quando ativos, funcionando eles como autênticas "válvulas de segurança planetárias".

A solidificação da superfície terrestre fez surgirem as rochas, as quais emanavam grandes quantidades de gases e vapores.

Absolutamente impróprio a qualquer espécie de vida conhecida, tal ambiente durou aproximadamente 2 bilhões de anos, fazendo da Terra um panorama indescritível e quase inimaginável: predominavam violentíssimas tempestades, erupções vulcânicas constantes, raios, furacões, etc.

A atmosfera formou-se de espessas camadas de nuvens que envolveram e escureceram todo esse "novo" corpo celeste, por milhões e milhões de anos.

A tendência tinha que ser mesmo o resfriamento, até porque tal barreira impedia a chegada dos raios solares.

A eletricidade acumulou-se em proporções fantásticas.

Em condições ideais, o hidrogênio e o oxigênio se uniram molecularmente e inimagináveis quantidades de vapor se formaram.

Ao se condensar, todo esse vapor recebeu o bombardeio das tremendas forças energéticas vindas de *baixo* (emanação de calor, gases e tempestades da superfície terrestre) e de *cima* (raios solares que desde então – e para sempre – chegavam e chegam ao planeta).

Então, choveu!

Torrencialmente, por séculos e séculos...

Enormes porções da crosta terrestre foram submersas.

Mares e oceanos[1] foram formados de águas escaldantes.

Tais águas acabaram por se resfriar, resfriando igualmente as rochas sobre as quais repousaram, após incontáveis mudanças de local, em movimentos de acomodação de que atualmente sobraram quase que imperceptíveis vestígios (maremotos).

Nascentes naturais deram origem e perpetuidade a incontáveis lagos e rios. Nos rios, as águas sempre afloram, por escoamento dos lençóis hidrográficos e, nos lagos, estabilizam a vazante, acomodando-se.

Assim, aos poucos, milênios perpassando sobre milênios, a calma envolveu as águas.

A temperatura, decaindo enormemente, dividiu a Terra em locais gelados (pólos), zonas quentes (trópicos) e zonas temperadas (regiões intermediárias); em razão da órbita em torno do Sol, com afastamento progressivo para retorno compulsório e exato no tempo, surgiram as estações climáticas.

Dois bilhões de anos tinham decorrido...

***

Estudos científicos, utilizando simulações em computador sobre o comportamento dos planetas vizinhos, demonstraram que a Terra – e somente a Terra, em todo o sistema solar – possui condições de abrigar vida inteligente.

Os dados, recentes, são das revistas *Science*, dos EUA, e *Nature*, da Inglaterra, e, naturalmente, reportam-se ao modelo terreno de vida, ou semelhante a ele.

---

[1] **Mar** – massa de água salgada que cobre a maior parte da superfície terrestre, ou partes em que se subdividem os oceanos;
Oceano – grande extensão de água salgada que banha um ou mais continentes.

Atividades vulcânicas variando enormemente as temperaturas ambientes; nuvem de gases ácidos envolvendo o planeta; mudança do eixo de tempo em tempo; grandes modificações climáticas; planetas, com enormes massas e satélites de dimensões bem menores que as da Lua, etc. Tais foram alguns dos impedimentos à vida, que foram observados em planetas como Marte, Vênus, Júpiter e Saturno.

Já no planeta Terra, "o bem comportado da turma", a Lua, com sua formidável força gravitacional, prende-a a um eixo fixo, gerando clima estável, dividido em estações definidas, que se repetem regularmente ano a ano.

Dois planetas gigantes são verdadeiros guardiões terrestres: Júpiter, 318 vezes a massa da Terra, e Saturno, 95. Protegem-na contra cometas, atuando como "espanadores", enviando-os para o espaço interestelar, evitando que eles se choquem com ela, bem como com os demais planetas do sistema solar.

Isso há bilhões de anos!

Ao girar em torno do Sol, a Terra mantém fixo seu eixo, levemente inclinado em relação a ele. Os cientistas estão convencidos de que tal inclinação se deve, também, à influência gravitacional da Lua.

Concluem os estudiosos que sem a Lua não haveria vida na Terra, pois o clima seria irregular.

Calculam os astrônomos norte-americanos que no universo conhecido há pelo menos 4.000 planetas com um ambiente semelhante ao terrestre; neles, deve haver satélites similares ao nosso; e vida também, como a nossa!

Conhecendo todos esses fatos, cada vez mais a Ciência se curva ante a grandeza do Criador, "Inteligência Suprema e Causa Primária de todas as coisas", segundo Kardec fez constar como resposta à questão primeira de *O Livro dos Espíritos* ("O que é Deus?").

Temos assim que muitos cientistas, primeiro através do cérebro e depois do coração, da admiração a Deus passam a amá-Lo, transformando-se em "pobres de espírito" (humildes, brandos e pacíficos), os quais são, segundo Jesus, os bem-aventurados herdeiros da Terra e do reino dos céus. (Mateus, cap. 5:3-4).

A LUA

Simultaneamente à criação da Terra, também foi criada a Lua.

Sua origem e primeiros tempos em tudo se assemelharam à Terra.

A grande diferença entre ambas é que depois de 3 bilhões de anos a atividade interna lunar cessou; os enormes meteoritos que a bombardearam desde o início tornaram-se mais raros; com o resfriamento, houve a solidificação da superfície (o núcleo, relativamente pastoso, tem uma temperatura central estimada em 1.500°C).

Os dados sobre a estrutura e as temperaturas lunares foram confirmados pelas seis missões **Apolo**, sob responsabilidade dos EUA.

Todavia, é muito pouco o que se sabe sobre nosso satélite.

O Espírito Emmanuel, no livro *A Caminho da Luz,*[1] leciona que a Lua é fundamentalmente uma âncora do planeta Terra, proporcionando:

– equilíbrio nos movimentos eternos de translação;

– forças de estabilização planetária;

– ação decisiva na criação e reprodução de todas as espécies.

Marés

A Lua tem órbita cativa em redor da Terra, realizando seu próprio deslocamento e, em conseqüência, provocando as marés.

---

(1) *A Caminho da Luz*, livro psicografado pelo médium Francisco Cândido Xavier, edição da Federação Espírita Brasileira, 1938.

Pelas marés, duas vezes ao dia as águas dos mares sofrem fluxo e refluxo.

Igualmente isso ocorre com lagos, lagoas e mesmo rios, porém é imperceptível em face dos volumes considerados.

Das marés, tanto quanto da Lua, pouco se sabe.

– O que teria levado a Natureza (Deus) a criá-las?

Ainda não existe resposta convincente.

O futuro, certamente, reserva para a Humanidade o uso dessa verdadeira bênção.

De nossa parte, talvez até com alguma imprudência, comparamos as marés com as pedras preciosas aventando seu emprego:

– são eternas e multimilenárias;

– são extremamente atraentes;

– seu estudo, quanto à formação, instiga a imaginação;

– sua finalidade ainda não foi definida.

Das pedras preciosas, tirante as jóias, ou seu emprego comercial como elevados ativos financeiros, a Ciência as empregará, seja em fibras óticas, em medicina nuclear, em eletrônica, ou como instrumentos de radiocomunicação espacial.

Das marés, pela hidrodinâmica (estudo matemático dos movimentos dos líquidos), por certo os homens extrairão infindáveis aplicações, valendo-se de tão colossal, inesgotável e límpida fonte de energia.

A VIDA

Provavelmente é folclore:

Os Apóstolos, que muito admiravam a grande sabedoria de Jesus, nem por isso perdiam uma oportunidade para, mesmo respeitosamente, testá-la. Assim é que sabendo que Ele passaria por um caminho onde jazia um cachorro morto, em decomposição, aguardaram qual seria a reação do Mestre diante da carniça daquele animal.

Jesus, quando se aproximou do animal morto, exclamou: "Que dentes maravilhosos, vocês não acham?"...

A Vida em todas as suas pujantes manifestações, através dos reinos da Natureza, oferece-nos elementar entendimento da obra de Deus ao criar o Universo.

Pelo grau de importância astronômica do nosso planeta e sua colocação no "ranking" das grandezas celestes, e principalmente pelo incrível número de espécies vivas que abriga (algumas das quais com bilhões de "representantes", como por exemplo a hominal), podemos conjeturar que há Vida além da Terra – muita Vida!

Ficando contudo apenas onde nossos pés se firmam – aqui, no nosso mundo –, sabemos que a Vida surgiu após os vertiginosos movimentos das águas e das fantásticas solidificações de matéria.

O calor abrasador ambiental do início, conseqüência das altíssimas temperaturas originais das massas em acomodação, acrescido do permanente influxo solar, cedeu lugar, aos poucos, a uma relativa estabilização térmica.

Assim, dois bilhões de anos passados desde sua origem, a Terra ofereceu condições para a ocorrência das primeiras combinações moleculares de elementos químicos mais leves, tais como: hidrogênio, sódio, magnésio, carbono, azoto, oxigênio, fósforo, cálcio, ferro, etc.

Tais elementos, e muitos outros, iriam compor a argamassa de revestimento dos seres vivos que estavam por chegar...

Recentemente foi descoberto em um sítio próximo da cidade de Marble Bar, no oeste da Austrália, um grupo de 11 linhagens de micróbios fossilizados há cerca de 3,465 bilhões de anos. "Os fósseis ora achados assemelham-se às bactérias atuais (seres procariatas – os mais primitivos do planeta, desprovidos da membrana celular, que organiza o material genético da célula)".[1]

Obs.: Com isso, a Ciência "empurrou" em 1,3 bilhão de anos para trás a data do início da vida na Terra, pois até então 2,2 bilhões de anos eram tidos como o começo.

Como se vê, são relativas as certezas científicas, pois à medida que a tecnologia avança, mais o homem-pesquisador sente a Grandeza Divina, da qual tanto ainda estamos distantes...

Sabemos hoje que no átomo há incrível e permanente movimentação, pelo que *morte*, no sentido lato da palavra, não existe! Os seres vivos, quando deles se ausenta o princípio vital, desagregam-se molecularmente, permanecendo, contudo, a pujante vida atômica dos seus compostos.

Embora fazendo alusão à perfeita estética e funcionalidade dos dentes, não seria essa a verdadeira mensagem do Cristo ante o cão morto?

Quanto à Lua, em suas diferentes posições no espaço (variações denominadas *fases*), recebendo a luz solar, passou a refleti-la na Terra, interagindo decisivamente no clima terrestre.

---

[1] *Folha de S. Paulo*, 30 de abril de 1993.

O lar estava pronto...

Aí, nesse preciso ambiente, surgiu a Vida!

Primeiramente, formas elementares de vida aquática: seres unicelulares.

Depois, em terra firme, plantas e animais superiores.

Hipoteticamente, há 65 milhões de anos, um grande meteoro teria colidido com a Terra, na região do México, provocando intensas nuvens de poeira. Essas nuvens formaram, durante anos, barreira intransponível aos raios solares e, sem fotossíntese, desapareceram da face do planeta várias espécies de plantas e de grandes animais (herbívoros, na maioria).

Relativamente à fotossíntese, convém refletirmos: trata-se de reação bioquímica nas plantas verdes, caracterizada pela absorção de carbono e liberação de oxigênio, em quantidades correspondentes.

Nesse processo, a luz é fator decisivo: estima-se que anualmente 20 bilhões de toneladas de carbono (da atmosfera) são fixadas pelas plantas terrestres e mais 15 bilhões pelas algas. Finalmente: todos os seres vivos são inteiramente dependentes dela.

Escoando-se os milênios, chegamos a um milhão de anos atrás: surge a espécie humana!

Outras centenas de milhares de anos foram necessárias para que o homem adquirisse a forma atual, através de transformações sucessivas.

Mas o maravilhoso fenômeno da Vida, expressão divina que nos contempla e envolve a todos (plantas, animais e homens), merece sejam alocadas nesta obra pequenas considerações, análises e proposições que a esse respeito o homem logrou alcançar.

A seguir, com o socorro da Química e da Física para a parte material e da Doutrina Espírita para a parte espiritual, vamos, talvez com ousadia (que rogamos ao Supremo Criador relevar), alinhavar os processos da Vida.

Corpos inorgânicos

Corpos inorgânicos são aqueles desprovidos de vida (minerais, por exemplo). Segundo as hipóteses científicas aceitas relativas à origem da Terra, a massa que a originou era uma tremenda fornalha. Pelos movimentos de translação e de rotação, uniformes e de relativa intensidade, tendeu para a forma arredondada, ligeiramente achatada nos pólos.

Ao longo dos milênios essa fantástica caldeira espacial foi se resfriando, decantando as substâncias primitivas que se encontravam no ar, em estado gasoso. A precipitação dessas substâncias e o meio ambiente de então proporcionaram sua combinação, pela lei de afinidade molecular: formaram-se as diferentes variedades de carbonatos, de sulfatos, etc., que de início foram dissolvidos nas águas e depois depositados na superfície do solo.

A existência de grande quantidade de água em nosso planeta decorre de uma sábia programação dos Engenheiros da Espiritualidade Cósmica: pela afinidade recíproca entre o oxigênio e o hidrogênio, desde o início fomos contemplados com três quartas partes desse elemento – tanto o planeta como os seres orgânicos!

Essa programação já deixa entrever que os seres que iriam habitar a Terra a ela se assemelhariam quanto à sua constituição e nela encontrariam meios permanentes de sobrevivência.

Avançando o relógio do Tempo em 2 bilhões de anos terrestres, vamos encontrar o planeta Terra com meio ambiente adequado a hospedar seres vivos.

É indispensável o socorro da Química para a compreensão da Gênese: somente com as leis da afinidade molecular passou a ser possível compreender-se a formação planetária e o surgimento dos seres vivos.

Com efeito, demonstra a Química, numa das suas observações experimentais, que os corpos sólidos (inorgânicos, primeiramente) formam-se a partir da cristalização.

***Cristalização**: fenômeno pelo qual se dá formas regulares a certas substâncias, quando submetidas a condições adequadas de pressão e temperatura, passando do estado líquido ou gasoso para o estado sólido.*

Seres orgânicos

Seres orgânicos são aqueles que possuem organismo (órgãos dispostos em seres vivos), isto é, possuem vida.

A lei que formou os minerais é a mesma que formou os seres vivos.

Decomposição e análise química dos seres vivos demonstram que são constituídos dos mesmos elementos dos seres inorgânicos.

Considerando que as diferentes proporções dos elementos constitutivos determinam a formação das diferentes substâncias (diversos minerais), assim também frutos, essências, folhas, madeiras, etc., tanto quanto nervos, músculos, gordura, matéria cerebral, etc., são formados pela combinação de determinados elementos.

Todos os elementos orgânicos (dos seres vivos) são formados de substâncias inorgânicas!

Em outras palavras: vegetais e animais são formados por átomos, tanto quanto os minerais.

Desde os primórdios da Alquimia e modernamente com os avanços tecnológicos colocados à disposição da Química, o homem vem criando diariamente novos produtos. Mas sempre usando os mesmos elementos constitutivos, variando tão-somente as condições laboratoriais e as quantidades empregadas.

Vejamos alguns exemplos, na Natureza (índices percentuais):

Elemento final	carbono	hidrogênio	oxigênio
Açúcar de cana	42,470	6,900	50,630
Açúcar de uva	36,710	6,780	56,510
Álcool	51,980	13,700	34,320
Óleo de oliva	77,210	13,360	9,430
Gordura animal	78,996	11,790	9,305

O açúcar de cana, submetido a processo de fermentação, transforma-se em álcool; esse, submetido ao processo de destilação, transforma-se em aguardente; essa, reagindo quimicamente no organismo humano, interage no metabolismo, modificando a química do sangue e das funções vegetativas; se resulta de início em fonte de calor para o corpo, tal "benefício" é aparente e enganoso, pois provoca danos físicos inumeráveis na ponta final das reações que estimula. E o que dizer das conseqüências psíquicas?

Obs.: – nesse simples exemplo já podemos perceber o quanto há de interligação entre nós e o mundo, eis que a utilização ou consumo de minerais (no caso citado, em infeliz combinação de processos) podem influenciar até o Espírito;

– noutro exemplo, este positivo, vemos que elementos constitutivos originais, em feliz combinação, promovem a evolução: todos os seres vivos tendem ao desenvolvimento físico, graças aos processos indutivos da sua assimilação e transformação; assim é que, pelos efeitos da nutrição, uma criança, por exemplo, pesando poucos quilos ao nascer, em alguns anos já terá multiplicado muitas vezes seu peso (assimilação ultrapassando a desassimilação); é que, além da multiplicação

celular, ao recém-nascido incorporaram-se os alimentos, os quais pelos processos digestivos fazem aumentar em volume e resistência os músculos, nervos, ossos, etc.

Como elementos básicos dos corpos orgânicos encontramos o oxigênio, o hidrogênio, o nitrogênio e o carbono; os demais elementos existem em condições acessórias. As proporções de tais elementos determinarão as resultantes orgânicas e suas propriedades.

Fácil imaginar que as quantidades de elementos constitutivos conduzem ao infinito as quantidades e variedades das substâncias possíveis de serem criadas.

Indispensável, apenas, sempre considerar as condições de operação: circunstâncias propícias (temperatura/pressão/dinâmica/inércia).

A Natureza, nesse caso, é o imenso laboratório, que já a partir da criação planetária começou igualmente a promover condições para os seres que seriam seus futuros habitantes.

Em nossas considerações é preciso relembrar a necessidade de toda uma série seqüencial de fenômenos físicos para que, em situações propícias, os elementos constitutivos se agreguem e formem as substâncias minerais e vegetais. Aí, num intenso trabalho de elaboração, pela lei das afinidades, as moléculas agitam-se, atraem-se, aproximam-se ou separam-se; das incontáveis combinações são formadas infinitas substâncias.

Plantas exuberantes na umidade ou no frio, ou mesmo sob as águas, sucumbem no calor tropical, tanto quanto a vegetação dos desertos jamais prolifera em regiões de baixa temperatura.

Pode-se imaginar quantos milênios levou a criatura humana para formar as plantações: se todos os vegetais conhecidos existiam na face terrestre, ajuntá-los em quantidades consideráveis (lavouras) há de ter sido tarefa paciente e tenaz, atributo exclusivo da civilização!

Animais vivem e proliferam em regiões ou locais adequados, sempre em razão das condições climáticas próprias a cada espécie; transferi-los para regiões que não ofereçam esses mesmos elementos ou condições ambientais é praticamente decretar sua morte.

Os vegetais e os animais têm seu "habitat" natural ordenadamente distribuído sobre a superfície terrestre ou nas águas. Para o homem, porém, a natureza foi mais pródiga, pois a criatura humana tem condições de adaptar-se aos diferentes meios ambientes, de frio ou calor, mesmo mudando bruscamente de latitudes; verdade que o relógio biológico humano necessita de algum tempo para tal adaptação, mas inegável que essa constitui tremenda vantagem sobre os demais seres vivos.

Mais uma vez pensamos na grandeza espiritual dos Construtores Siderais que assim fizeram o corpo humano, prevendo que grandes, dramáticas e constantes seriam as migrações...

Considerando a imutabilidade das Leis Naturais, não nos dificulta à razão deduzir que a organização dos seres vivos terrenos assim foi desde o início e assim o será até que a Evolução espiritual trace novos sistemas de vida.

Notável o exemplo das sementes de trigo que, encerradas por milênios no interior das grandes pirâmides egípcias, germinaram prontamente tão logo foram lançadas em terreno propício.

Seu princípio manteve-se inalterado o tempo todo!

Sem aprofundarmos tais considerações, o que nos conduziria a desvios do texto, lembramos que os "bancos de esperma e de óvulos" reproduzem de forma artificial e similar aquele fato natural...

Fluido Cósmico ("Sopro Divino")

Jamais uma pequenina semente, uma simples formiga ou qualquer outro inseto podem ser criados num laboratório; no entretanto, a Química atual realiza prodígios científicos de composição, decomposição e reconstituição de corpos inorgânicos.

– O que impede à Ciência tal evento, aparentemente tão corriqueiro?

Nesse ponto torna-se indispensável o socorro providencial das informações de alto conteúdo moral e filosófico, apresentadas por Espíritos Protetores.

O livro *A Gênese,* [2] de autoria de Allan Kardec, é obra de consulta obrigatória a quem quiser adentrar no entendimento de tão atraente assunto.

Com propriedade e de forma altamente pedagógica são ali expostos todos os pontos que interligam o *material* ao *espiritual*: o que faz com que a matéria tenha vida!

Como resposta-resumo (e quase todos os resumos pecam por insuficiência) podemos citar dois pontos, ambos de ordem filosófica, ditados pelo Espírito Galileu, através de processo mediúnico, em 1862 e 1863, na Sociedade Espírita de Paris:

Matéria cósmica primitiva

A origem do Universo está absolutamente fora do conhecimento humano.

Sabe a Ciência que, anterior ao nosso sistema solar, outros já existiam.

A Eternidade está atrás e adiante de nós!

---

[2] A primeira edição desta obra foi publicada na França, em janeiro de 1868.

Sem atribuir a Deus o "Princípio de Tudo", não há como formular quaisquer elucubrações ou ilações referentes à Gênese Universal.

Assim, só encontraremos calmante à questão da origem, aceitando Deus como causa primeira e inteligência suprema do Universo, Criador permanente de tudo e de todos!

Permeando todos os espaços interplanetários, não deixando um único e mínimo espaço vazio na vastidão dos espaços siderais, vamos encontrar o "Fluido Cósmico Universal", que emana do Criador e proporciona todas as criações, presidindo a Vida, em seu estado latente, a todos os seres.

Obs.: o átomo talvez seja pequena demonstração do Sopro Divino: todos os átomos têm núcleo e carga positiva, rodeados de elétron(s), esse(s) em órbita nuclear estável; dentro dessa realidade, muitas vezes, neles, não existe a morte; permitindo-nos ligeira e respeitosa abstração, imaginamos que Jesus, já então conhecedor dessa Verdade, teria elogiado os dentes do cão morto, como poderia ter elogiado igualmente o impressionante ativo dos átomos que formavam aquela matéria que se transformava, retornando à origem...

Princípio Vital

O estado latente da matéria, orgânica ou inorgânica, não importa, é que proporciona condições para a geração da Vida, seja no mundo que for.

À vida atômica, sempre presente em tudo, alia-se outra forma de energia a que Kardec denominou de "Princípio Vital".

Princípio vital: é o princípio energético pelo qual os elementos constitutivos se agrupam, em formas simétricas, o que explica a repetência das mesmas formas nos seres de uma mesma espécie – plantas e animais.

Em A Gênese, *Cap. VI, número 18, em mensagem mediúnica, diz-nos o Espírito Galileu (e essa informação algumas tradições religiosas corroboram) que existem outros reinos naturais de vida, além dos conhecidos, dos quais nem suspeitamos...*

– Que reinos naturais seriam esses?

Como simples especulação:

– seriam os duendes, as fadas, os gnomos?

– seriam os chamados "elementais naturais"?

O aspecto mais importante do princípio vital é o fato de ser comum a todas as espécies orgânicas, vegetais e animais, *enquanto vivas*. Sua existência é indiscutível, conquanto sua natureza não possa ser cientificamente definida:

– basta arrancar uma simples folha de uma árvore e essa folha já não o possui;

– o fenômeno da morte não subtrai nenhum material do ser, no entanto ele se torna inerte (sem vida).

Mecanismo pelo qual a Vida se processa, certamente de forma infinita e eterna como tudo o que provém de Deus, o princípio vital nos permite deduzir que, ante o que a Natureza nos mostra, o Supremo Arquiteto do Universo criou sempre – antes, agora, depois – incessantemente!

Roga Galileu que ninguém baseie sistemas quaisquer sobre suas palavras.

"Minhas palavras" – continua humilde – "não se prestam a edificar raciocínios metafísicos, preferindo mil vezes calarme antes de que alguém me ouça e se perca nos dédalos inextricáveis do deísmo ou do fatalismo."

Fazendo coro a tal advertência, posiciona-se Kardec quanto a tudo o mais, no tocante à Fé: "Fé inabalável é aquela que encara a Razão face a face, em todas as épocas da Humanidade".

Coroando todos os esforços humanos na busca da origem das coisas, o Espiritismo abre cortinas para o entendimento de tão transcendental questão.

Apoiando seus postulados na Lógica, estimula o homem a apoiar-se no Espírito tanto quanto na Ciência, para, unidos os dois vetores, acatar Deus de forma raciocinada, o que propende o ser a amá-Lo integralmente.

A propósito, a Ciência já considera incontestável quanto aos seres orgânicos:

a. diferem fundamentalmente dos inorgânicos por possuírem uma energia, uma força, que lhes confere o fenômeno denominado vida;

b. quando essa "força" está ausente ocorre o fenômeno chamado morte, pelo qual se deterioram e se decompõem;

c. todos possuem essa "força", a qual independe dos atributos "instinto", "inteligência" e capacidade de pensar;

d. inteligência e capacidade de pensar são atributos apenas da espécie superior – os homens;

e. espécies inferiores – animais irracionais – possuem instinto altamente desenvolvido, porém, apenas fragmentos de inteligência, a qual não lhes é contínua, isto é, não se encadeia para a solução de problemas; nos vegetais, igualmente, nota-se a presença do instinto, como, por exemplo, o direcionamento para a luz;

f. os homens igualmente possuem instinto mas pouco desenvolvido, já que a inteligência lhes supre em muito maior escala as suas necessidades;

g. a espécie humana, dentre todos os seres vivos, é a única que possui um senso moral especial, pelo qual seus procedimentos podem ser direcionados, a seu arbítrio, para o bem ou para o mal;

h. todos trazem em si, como bagagem, o instinto de conservação e da perpetuação da própria espécie;

i. todos evoluem, aprimorando-se geneticamente, adaptando-se às eventuais transformações do meio ambiente (tais adaptações são lentas, mas inexoráveis, pois que delas depende, muitas vezes, a própria sobrevivência da espécie; quando o meio ambiente sofre mudanças bruscas, os animais guiam-se pelo instinto, migrando para regiões adequadas, retornando, tão logo seu "habitat" natural volte às condições anteriores; a hibernação, para alguns animais, é outro processo que garante a continuidade da vida).

O ESPÍRITO

Considerados os seres inorgânicos e orgânicos, patente que ambos têm os mesmos elementos constitutivos.

Termina aí sua similaridade.

Os seres orgânicos diferem profundamente dos inorgânicos por possuírem o "Princípio Vital".

Contudo, focalizando agora apenas os seres orgânicos, verifica-se que entre eles também ocorrem diferenças intrínsecas de grande expressão: no topo evolutivo das espécies vivas encontra-se o homem, cujos indivíduos, além da matéria inorgânica, do princípio vital, do instinto, da inteligência e de senso moral especial, possuem, como maior diferencial, o Espírito.

À questão número 597a de ***O Livro dos Espíritos****, Kardec consigna, ouvido o Espírito de Verdade, que os animais também possuem alma, mas "há entre a alma dos animais e a do homem tanta distância quanto entre a alma do homem e Deus"...*

O Espírito é o princípio pelo qual a vida prossegue após a morte.

Como esse princípio é inteligente, elimina o acaso, exclui a coincidência, desmascara a fraude e confirma que algo do corpo humano subsiste quando desse corpo se ausenta o princípio vital, ou, numa linguagem popular: quando morre.

– Se a princípio, por volta de 1850 (à época de Kardec), as mesas girantes comprovaram essa subsistência;

– Se, hoje, mensagens mediúnicas psicografadas por médiuns de inatacável estatura moral, como por exemplo Francisco Cândido Xavier, confirmam recados a familiares de pessoas desencarnadas;

– Se a Parapsicologia busca explicar com novos rótulos (sofisticados e ao gosto dos materialistas de plantão) aquilo mesmo que o Espiritismo já expôs há mais de cento e trinta anos com tanta simplicidade;

– Se, independente do que pensam sábios e ignorantes, fanáticos ou incrédulos, místicos ou experimentalistas, o sobrenatural se manifesta de forma irrefutável em todos os quadrantes mundiais...

Então, há de haver, como realmente há, algo indecifrado, impalpável e de origem desconhecida, que sobrevive à decomposição do corpo físico: o Espírito!

É tão grande e coerente a literatura espírita quando trata do Espírito que nos dispensamos, neste trabalho, de nos alongar sobre o que ele seja.

Sobre o Espírito, imortal, digam uns e outros o que disserem e pensem o que quiserem, como Galileu Galilei, parafraseando-o, afirmamos: "Mas que ele existe, existe!"

E, por falar em Galileu, façamos uma última consideração comparativa sobre a existência do Espírito:

– Em 1845, o astrônomo francês Urbain Le Verrier (1811-1877) percebeu perturbações, até então inexplicadas, no movimento do planeta Urano. Fazendo vários cálculos (!), de sua prancheta deduziu pela existência de um planeta, ainda desconhecido, que justificava as anomalias de Urano, determinando com precisão a órbita desse até então ignorado corpo celeste.

Um ano após, o astrônomo alemão Galle, de posse das informações de Le Verrier, observou o planeta efetivamente no lugar indicado.

Estava descoberto o planeta Netuno!

Nossa consideração é no sentido de que muitos observam os vazios incomensuráveis da vastidão celestial e "a priori" julgam ali nada existir. Da mesma forma, muitos há que por não conseguirem apalpar Espíritos preconizam sua inexistência.

Conclusão: precipitado e temerário é voltar as costas para o desconhecido, por julgá-lo insondável ou desprovido de interesse. Nem sempre nossos olhos nos mostram tudo...

Tanto quanto os astrônomos, consideradas as leis de conjunto, realizam maravilhas do cálculo, "vendo" corpos celestes onde se supõe só existir o vácuo, assim também os Espíritos bondosos, considerada a obra de Deus, trouxeram desde sempre notícias do Espírito e da vida espiritual – invisível e impalpável para nós (os encarnados), mas nem por isso irreal.

SERES VIVOS

Origem

Religiosos, filósofos e cientistas, buscando conciliar evolução e religião, formam teorias diferentes dentro do inextricável tema "origem dos seres vivos".

Há a corrente dos *criacionistas* e dos *acriacionistas*.

Entre os criacionistas, admitem uns a doutrina que aceita terem os seres vivos e outras coisas do universo sido criados por Deus, nos estreitos termos relatados pela Bíblia; outros entendem que a criação de algumas formas evoluiu para outras.

Quanto aos acriacionistas, os entes se formaram por si mesmos a partir de elementos preexistentes (só não dizem quem teria criado esses elementos...).

Em seu livro *A Galinha e seus dentes,* [1] o biólogo e paleontólogo norte-americano Stephen Jay Gould elabora pródigos ensaios sobre saborosos enigmas:

– a zebra seria um cavalo branco com listras pretas ou seria um cavalo preto com listras brancas?

– por que as girafas têm pescoço comprido?

– como podem certas moscas desenvolver pernas na boca?

– por que as galinhas não têm dentes se várias aves fossilizadas os tinham?

Gould admite a limitação do saber científico e adverte que uma teoria completa da evolução precisa levar em conta o equilíbrio da força do ambiente externo e a força genética interna. Sua obra é toda apresentada na moldura do saber, mas com

---

[1] Obra publicada pela Editora Paz e Terra.

bom humor; nesse estilo, resgata e desenvolve questões cruciais da teoria evolucionista, cuja unanimidade fica mais distante, quanto mais progride a Ciência.(2)

Esse mesmo cientista, num instante de inspirado humor, relembra, em um dos seus ensaios para a revista *Natural History* a resposta do britânico J. B. S. Haldane (1892-1964), quando questionado sobre o que lhe revelava a observação da natureza, quanto ao Criador: "uma predileção imoderada por besouros".

Sabemos que os besouros pertencem à classe dos coleópteros, insetos que apresentam a maior quantidade de espécies entre os seres vivos – mais de 300 mil!

E sobre eles, os besouros, consta que, como incentivo à criatividade, uma grande multinacional norte-americana mantém afixado um quadro em todas as suas fábricas, com os mesmos dizeres: "Pelas leis da aerodinâmica os besouros não poderiam voar..."

Embora repetitivamente, sempre será necessário entender que a origem das espécies é um dos incontáveis fragmentos da Sabedoria Divina, a que a Humanidade terrena não tem o mínimo acesso. Podemos, tão-somente, conjeturar que apenas os Espíritos Puros adentrem em tão instigante mistério.

Roteiros Evolutivos

Homem

Sem pieguismos, sem soluções simplistas, menos ainda com teorias mirabolantes ou esdrúxulas, ocorre-nos que temos

(2) Estas notas foram extraídas da revista *Veja*, 17 de junho de 1992. Foram acrescidas de comentários nossos (N.A.).

aqui uma situação muito parecida com a que Freud vivenciou: o "Pai da Psicanálise", como era conhecido o festejado médico austríaco, levou a vida toda laborando cientificamente sobre a alma humana – a psique; não conseguiu transpor a barreira que separava suas descobertas da explicação dos mistérios humanos, atávicos, transcendentais...

– Que barreira seria essa?

– A Reencarnação!

Com seus postulados recheados de lógica, de bom senso e de sabedoria, a Reencarnação escancara para o presente a "face oculta" da alma – o passado, as vidas pregressas! A luz se faz, e onde havia perguntas e dúvidas tudo se esclarece: a Evolução, a bordo das vidas sucessivas, é bênção do Criador que a todas as criaturas contempla.

Ao adentrar na racionalidade, os Espíritos agora possuem: inteligência; livre-arbítrio – liberdade de ações (para o bem ou para o mal); bússola segura para a rota evolutiva (a consciência); finalmente, responsabilidade – colherá na medida exata do que plantar.

Instintos, embora atenuados, são mantidos.

De vida em vida, evoluirão incessantemente até que, depurando-se, serão virtuosos, amando a Natureza e por igual a todas as criaturas de Deus.

Esse, o roteiro dos anjos...

Animais

Quanto aos animais, parcela maior do nosso tema, os Mensageiros Celestiais já nos deixaram várias informações, sendo-nos justo pensar que evoluem dentro das espécies: eqüídeos, bovídeos, felídeos, etc., etc.

Engenheiros Siderais, altamente credenciados por Jesus, realizam, nos diferentes corpos espirituais dos indivíduos selecionados em cada espécie, as necessárias modificações ou transformações; assim, acréscimos ou subtrações de caracteres morfológicos ou biológicos adaptam os organismos às mudanças do panorama terrestre. Com isso, as espécies se compatibilizam com a nova realidade geológica que o Tempo se encarrega de administrar, também com transformações periódicas.

Esse, o roteiro para o reino hominal!

Funções

Vegetais

Têm tríplice função:

– purificação do ar, pela fotossíntese;

– alimentar seres vivos;

– curar enfermidades, de homens e animais.

Já no *Velho Testamento*, em Ezequiel, 47:12, encontramos:

"... E o seu fruto servirá de alimento e a sua folha de remédio".

A grande variedade da flora mundial, precedente aos animais, por si só demonstra, conquanto desnecessário, a Sabedoria e a Bondade do Criador para com as criaturas que iriam habitar a Terra.

Os vegetais possuem todos os elementos nutritivos de que homens e animais necessitam para sua sobrevivência.

Micróbios

O termo micróbio inclui: bactérias, riquétsias, protozoários, muitos fungos, algas, vírus. São seres unicelulares, microscópicos ou ultramicroscópicos.

Podem ser:

– patogênicos: que provocam doenças;

– saprófitos: desenvolvem-se em seres vivos, nutrindo-se de matéria orgânica morta, sem causar doenças.

Desempenham importantíssima e indispensável função na natureza: a desintegração das matérias orgânicas mortas (vegetais e animais); após serem desintegradas, elas retornam ao solo, onde vão formar novas substâncias e igualmente originar novas plantas, que por sua vez alimentarão novos animais.

O que seria do mundo se os cadáveres não se desintegrassem?

Teríamos um tétrico e insuportável panorama sobre a terra e nas águas...

E o solo não teria a renovação de substâncias que o fertilizam.

Em nosso próprio organismo essas operações ocorrem, pois em muitos casos há micróbios transformando matérias e alimentos: auxiliando a digestão e desintegrando a celulose dos vegetais.

No caso dos seres saudáveis, essa transformação proporciona e mantém a harmonia orgânica; seres doentes, ao contrário, estão com tal sistema em desequilíbrio e como em quase tudo (ar, água, alimentos) há micróbios – nocivos e úteis – com facilidade têm agravado o seu estado mórbido, diante da maior proliferação desses micróbios.

Quando no organismo os micróbios se multiplicam perigosamente, pela presença excessiva de matéria morbosa (que causa doenças), entram em ação numerosas glândulas, que os expulsam, através dos órgãos de eliminação.

Quanta sabedoria na existência dos micróbios!

Animais

Colocados na Terra, muitos deles ao lado dos homens, para evoluir.

Sua transformação em alimento humano é terrível equívoco, porque sua carne é de teor alimentar deficiente e prejudicial.

A deficiência reside na insuficiência de vitaminas, sais minerais e hidratos de carbono.

E é prejudicial porque nela estão contidas substâncias venenosas, tais como: ácido úrico, creatina, creatinina, purina, xantina, etc.

Ao crer em Deus, Arquiteto do Universo, mantido por Ele em dinâmica permanente mercê da Vida, o homem desde sempre intuiu que os fenômenos naturais, do nascimento à morte, seguem o inexorável curso da Evolução.

Leis Divinas, sobre as quais Kardec tão bem discorreu em *O Livro dos Espíritos*, balizam todos os ciclos de todos os atos dos seres vivos, principalmente do homem, atribuindo-lhe maiores responsabilidades; pois, dentre todos os demais seres vivos daqui do nosso querido mundo, somente a ele é concedido o equipamento da inteligência e do livre-arbítrio.

Assim, necessariamente, o homem não tem direito sobre a Vida do próximo, seja ele de que espécie for.

OS ANIMAIS E O PROGRESSO

Se o homem auxilia a evolução dos animais, quando lhes dispensa proteção, respeito e amor, com isso reduzindo ou mesmo eliminando suas naturais reações selvagens ou instinto agressivo – se tudo isso é verdade –, não menos verdadeiro é que sem os animais a vida humana não estaria no nível de conforto atual.

Em termos de Evolução, bem maior é o débito da Humanidade para com os animais do que o crédito que lhes temos dispensado para seu bem-estar e progresso espiritual.

Exporemos a seguir alguns detalhes da convivência homem-animal.

Bovinos

São os animais que, em maior número, são criados e sacrificados, transformando-se, quase sempre com crueldade, em alimento humano.

O boi não rende só bifes. Antes mesmo de ser abatido, ele deixa no curral do frigorífico o esterco, empregado como adubo ou transformado em biogás. O próximo subproduto é coletado na sala de matança: 12 quilos de sangue, utilizados para a fabricação de fertilizantes, colas, espumante para extintor de incêndio e ração animal... e como ingrediente de biscoitos, para combater anemia de crianças. O sangue é ainda aproveitado no preparo de embutidos (salsicha, lingüiça, salame, mortadela, etc.), vacinas e albumina.

As tripas servem para acondicionar esses embutidos e também para produzir cordas de raquetes de tênis, que protegem os cotovelos dos tenistas mais que as cordas sintéticas, pois cedem mais e retornam mais rapidamente à posição de origem.

Com as patas dianteiras do boi se faz o mocotó. Das traseiras se extrai o óleo de mocotó, usado como lubrificante. Os ossos das patas se transformam numa gelatina especial para a fabricação de sorvetes e filmes de raio X.

Cascos e chifres, ricos em nitrogênio, se prestam à produção de fertilizantes e também à confecção de botões e pentes. O couro vira calçados, malas, bolsas e roupas.

Da glândula hipófise saem vários hormônios, aproveitados pela indústria farmacêutica. O extrato da glândula pineal (epífise) é usado no tratamento de esquizofrenia. Do abomaso – "estômago verdadeiro" – se retira a renina, "coalho" utilizado pelos laticínios.

Os pulmões e principalmente o fígado fornecem a heparina, um anticoagulante empregado no tratamento de problemas vasculares.

A indústria de pincéis usa pêlos das orelhas e da cauda. As fábricas de sabão ficam com o sebo do qual também se extrai a glicerina, usada em explosivos.

Um dos subprodutos mais valiosos é o cálculo biliar, normalmente contrabandeado para o Oriente, onde se transforma em remédios contra o "câncer".(1) (Ufa!...)

Dizem muitos que "do boi nada se perde, a não ser o berro".

Discordamos. Quem pensa assim talvez nunca tenha visto como uma boiada é tangida: tranqüilizando os animais ao imitar mugidos, o berrante, chegando quase a sons sagrados, vai à frente. É indispensável à harmonia do deslocamento da boiada; isso, sem contar os malabarismos sônicos dos berrantes nas festas rurais...

(1) Alguns dados foram extraídos da *Folha de São Paulo* de 15 de janeiro de 1991.

Cavalo

Foi domesticado três mil anos após o carneiro, a cabra, o porco, o boi e o cachorro. Sua domesticação se deu na Ásia e na Europa, sendo importantíssimo fator no desenvolvimento dessas milenares civilizações.

Desde o início foi usado nas guerras e nos torneios aristocráticos e em desfiles de ostentação social.

Os cavalos da raça árabe existem há cinco mil anos e são considerados os ancestrais de outras raças, como o "quarto-de-milha" e o "mangalarga". São cavalos rústicos e versáteis, aptos para provas de hipismo e lida de gado.

Posteriormente, vencendo preconceito dos camponeses, passou a substituir o boi, nos trabalhos de carga, de sela, de atrelamento (carroça, charrete, máquinas agrícolas, etc.) e em moinhos.

Com a motorização da agricultura quase se extinguiu a civilização do cavalo: nos EUA, antes da Segunda Guerra Mundial (1939-1945), e na Europa, após.

Em 1984 o rebanho eqüino do Brasil era estimado em 5,4 milhões de cabeças.

Os ancestrais fósseis do cavalo provam que sua evolução lhe deu:

– maior tamanho, na maioria das raças;
– redução em algumas raças;
– desaparecimento dos dedos laterais;
– crescimento do dedo médio;
– dentição: pré-molares tornaram-se molares e os caninos desapareceram.

Herbívoro (após a perda dos caninos?), forte, veloz, em nada o cavalo depende do homem. Ao contrário: asseguram os historiadores, naturalistas e pesquisadores, em geral, que sem o cavalo o mundo não teria alcançado o progresso atual.

Indeclinável admitir que Deus, Criador de tudo e de todos, situando o cavalo na Terra o fez para que o animal, com sua força, alavancasse o progresso humano.

Nem poderia ser outra a razão para que os cavalos sofressem tantas mutações genéticas, desde seus ancestrais.

Capazes de se deslocar em qualquer terreno, atualmente persiste sua utilização nas propriedades agrícolas, principalmente no Brasil, onde dois terços das fazendas são pequenas, não comportando tratores.

Ao se domesticar, o cavalo põe à mostra um comportamento de submissão, provando decisivamente que o relacionamento entre seres vivos não se norteia pela "lei do mais forte", e, sim, pelo mútuo respeito.

São tão fiéis os cavalos que se igualam aos cães de estimação, demonstrando satisfação na presença dos seus donos.

A melhor forma de demonstrar gratidão a Deus, por ter doado à humanidade mais um maravilhoso presente – os cavalos –, é tratar esses animais com respeito e afeto, jamais os sobrecarregando ou maltratando.

Elefantes e Camelos

Fortíssimos e dóceis, de grande resistência, vêm ajudando o homem; os primeiros, nos transportes de pesadas cargas, e os segundos, nos deslocamentos árduos pelos desertos.

Os elefantes, asiáticos ou africanos, são vegetarianos e sociais; somente a espécie indiana pode ser domesticada. Em algumas situações, na falta natural de alimento (distúrbios no ecossistema, provocado geralmente pelo homem), podem os elefantes invadir plantações.

Quanto aos camelos apóiam-se bem sobre a areia graças às patas providas de dedos muito largos. São ruminantes.

As corcovas no dorso são uma reserva de gordura que lhes permite jejuar por vários dias. Quando apresentam uma só corcova tomam o nome de dromedários. O camelo pode ficar bastante tempo sem beber água, graças à temperatura interna que varia de 30°C à noite até 41°C durante o dia, tornando a transpiração desnecessária à pequena quantidade de urina e à passagem de todas as reservas de água do corpo para o sangue. Resiste notavelmente ao frio! Fornece lã, couro, leite, carne, gordura e até mesmo seu excremento é utilizado como combustível.

Caprinos

Mansos, fornecem agasalho contra o frio, leite e a própria carne para alimentar o homem.

Em 1986, o rebanho caprino do Brasil era estimado em cerca de 8 milhões de cabeças. [2]

Cães

Animal doméstico por excelência, de inúmeras raças, impossível de serem descritas, devido às extraordinárias diferenças introduzidas entre elas pela criação e seleção. Em tamanho e peso, elas vão desde o "chihuahua" (de 19 a 20cm, 1,5kg) ao "São Bernardo" (quase 1m na cernelha – fio do lombo – 100kg).

Acredita-se que o cão descenda do lobo e do chacal, espécies com as quais é capaz de se cruzar perfeitamente.

Foi domesticado pelo homem desde a pré-história, prestando-se atualmente a incontáveis tarefas, desde guarda (aguda

---

[2] Este dado foi extraído do *Guia Rural*, abril de 1986, pág. 180.

noção de território), vigilância de rebanhos, tração de trenós, caça, orientação a cegos, competições (corrida de galgos), ou simplesmente como companhia.

Seu amor e fidelidade ao dono excedem todos os parâmetros comparáveis a outros animais domésticos.

No Caderno "Ciência" do jornal *Folha de S. Paulo*, de 17 de outubro de 1993, vimos:

*"**Cachorros***

Pessoas que vivem com cachorros têm quatro vezes mais probabilidades de sobreviver a um infarto do que as que não têm nenhum animal doméstico. A afirmação é do psicólogo Erhard Olbrich, num congresso internacional de veterinários em Berlim na semana passada. Olbrich diz que a companhia de um animal faz as pessoas se sentirem menos sós e mais seguras. Além disso, os donos são obrigados a fazer exercícios e ter vida mais ordenada."

Gatos

Acredita-se que os gatos foram domesticados pelos egípcios, devido à sua natural facilidade para caçar ratos, os predadores dos grandes armazenamentos de alimentos (as colheitas eram guardadas para suprimento no período de seca do Rio Nilo). Após sua morte, eram objeto de culto, sendo mumificados, passando a pertencer à deusa Bastet, divindade da Lua, protetora das crianças e da família. Quem matasse um gato respondia com a vida por este grave desrespeito.

Depois foram levados para a Europa.

Possuindo excelente visão noturna e extrema agilidade, prestam-se admiravelmente à caça; para os gatos quase não há obstáculos invencíveis. Tais qualidades fazem dele um animal independente, o que nem sempre é bem aceito pelo homem. Isso fez com que na Europa da Idade Média, paradoxalmente aos costumes egípcios, quem gostasse de gatos era condenado a morrer na fogueira com o animal (isso porque diziam que as bruxas existiam e os gatos eram acusados de ajudá-las nas feitiçarias, nascendo aí, talvez, a superstição de que "gato preto" dá azar).

Diz uma lenda anônima islâmica que Maomé tinha um gato chamado Muezza. Os dois nunca se separavam. Um dia, Maomé deitou-se no chão para descansar, Muezza se enroscou dentro de sua manga e dormiu. Maomé acordou. Precisava fazer suas orações, mas sentiu pena do gato que dormia um sono profundo. Cortou o pedaço de sua manga onde o animal se aninhava, acariciou seu pêlo com cuidado e saiu. Deus, que assistia a tudo, ficou comovido com a amizade de Maomé e Muezza. Decidiu proteger o gato: deu a ele a capacidade de saltar com perfeição e de sempre cair em pé, em cima de suas quatro patas...

Os gatos, na verdade, gostam muito de carinhos e sempre retribuem; só que quando querem, e nunca quando a isso são obrigados.

Na Itália, a ENPA (Entidade Nacional de Proteção dos Animais) propôs ao governo que os presidiários tivessem um gato, com isso diminuindo a hipertensão e aliviando o maior mal dos detentos – a solidão.(3)

Há quem acredite que vivemos "a era do gato", pois só nos EUA, segundo a *Folha de S. Paulo*, a população felina ultrapassou a canina (57 milhões, para 52,5 milhões);(4) no Brasil, segundo o mesmo jornal, são 19 milhões de bichos espalhados pelo país (17 milhões de cachorros e 2 milhões de gatos);(5)

---

(3) Fonte: "Ansa", jornal *A Cidade*. Ribeirão Preto, São Paulo, 14 de março de 1993.

(4) *Folha de S. Paulo*, 7 de março de 1993.

(5) *Folha de S. Paulo*, 4 de outubro de 1992.

embora a opção dos homens viesse até pouco tempo sendo pelos cachorros, gatos estão sendo acolhidos nos lares, principalmente porque eles dão menos despesas e trabalho...

Aves

Em geral, fornecem alimentos: ovos e a própria carne. Pássaros engaiolados, à guisa de "proteção" (falso argumento de que soltos não sobreviveriam), constituem inconcebível equívoco, senão maldade.

Como restringir o céu a menos de 0,5m?

Marsupiais

"Marsúpio" é o nome que os zoólogos deram a uma espécie de bolsa junto ao corpo, existente em alguns animais para carregar filhotes.

Dos marsupiais existentes em quase todo o mundo, o mais conhecido é o canguru australiano: até bem pouco tempo era uma espécie em extinção e por isso passou a ter proteção especial, na Austrália. Porém, atualmente o país tem 7 milhões desses animais (apenas no Estado de Nova Gales do Sul), essencialmente herbívoros.

Após debates que duraram três anos, a Austrália aprovou uma lei que permite o consumo de canguru. Houve apoio decisivo dos fazendeiros, os quais alegam que esses animais estão provocando devastação nas plantações.

Por 40 mil anos o canguru fez parte da dieta dos aborígenes australianos.(6)

---

(6) *Folha de S. Paulo*, 2 de maio de 1993.

Nota: Os cangurus são considerados verdadeiros fósseis vivos, assim como as demais espécies animais de marsupiais. São muito antigos e primitivos quanto à estrutura. Os milhões de anos não os destruíram nem eles destruíram "as plantações"; agora, ironicamente, devem morrer para alimentar homens que destruíram sua fonte de alimentação, interferindo danosamente no ecossistema...

Peixes

Há controvérsia entre os próprios cristãos e entre os espíritas, em particular, se os peixes devem ou não constituir alimento.

Jesus indicou a Simão (e este a outros desanimados pescadores) o local exato do Lago Genesaré, onde havia um cardume, proporcionando-lhes pesca abundante (Lucas, 5: 1 a 7):

a. Jesus sabia exatamente onde havia peixes, explica-o Kardec em *A Gênese*, cap. XV, nº 9: pela superioridade do Mestre, possuidor da "dupla vista" (material e espiritual), em grau supremo;

b. Citando essa superioridade espiritual, os que são favoráveis ao consumo de peixes tomam Jesus por seu aval, já que, se tal fosse incorreto, Ele não os incentivaria...;

c. Já os contrários à ingestão de peixes consideram que a "pesca maravilhosa" foi um evento episódico, verdadeiro chamamento moral, não só para aquele que passaria a ser o "pescador de almas", como também para os milhares e milhares de testemunhas oculares da mesma; "até porque", argumentam, "não há registro de que Jesus tenha jamais se alimentado de peixes"...

O Espírito Luiz Sérgio, em *Chama Eterna*, consigna no cap. 37 que "Jesus não condenou comermos peixe porque neles não habita um espírito e sim uma energia muito benéfica".

Precisamos analisar o significado desse informe, sem caráter de oposição: Kardec, tratando da "Gênese Orgânica" da Terra, no cap. X de *A Gênese*, tece preciosas observações sobre os seres vivos – peixes inclusive – contrapostas a tal assertiva.

Tateando tal assunto, cujo domínio a Deus pertence, sentimos dificuldades em excluir os peixes do reino animal, para também excluir-lhes espírito, mesmo que rudimentar; além de biologicamente qualificados nesse reino (o animal), vemos que como tal os peixes possuem instintos, nascem, vivem, procriam, morrem...

Os peixes possuem encéfalo (parte do sistema nervoso) e são animais de sangue frio. Algumas pesquisas laboratoriais já estão sendo feitas, particularmente relativas à sua gordura, hormônios e lipoproteínas. Os nutricionistas modernos consideram ótimos para a dieta humana o peixe e os frutos do mar. Os óleos dos peixes e os frutos do mar são ricos em ácidos graxos, além de vitaminas A e D, proteína de alta qualidade e minerais úteis. (Pode ser considerado como conhecimento nutricional o milenar conselho da Igreja Católica para se comer peixes toda sexta-feira).

Jorge Andrea, em *Impulsos Criativos da Evolução*, opina que, no imenso impulso das transformações animais, certos peixes migraram para a terra; barbatanas e nadadeiras evoluíram para mãos e membros dos animais superiores; na Groenlândia, em 1952, foi encontrado um fóssil representando um peixe com pernas!

Diz-nos o Espírito Miramez, em *Francisco de Assis*, no capítulo "O Apóstolo João", que este pregava aos peixes a "Boa Nova do Reino", e que eles ouviam seu sermão "a fim de beberem alguma coisa mais de divino do divino doador".

No mesmo capítulo é testificado que "tanto as águas como os peixes estão carregados de elementos imponderáveis à ciência dos homens, os quais são indispensáveis aos fenômenos produzidos pelos místicos e pelos santos".

Seria essa a "energia muito benéfica" à qual o Espírito Luiz Sérgio se referiu? E tal energia justificaria a inexistência ou ausência de alma-animal nos peixes?

Cremos que a resposta para a primeira pergunta é sim, e, não, para a segunda.

Cetáceos

São mamíferos marinhos de grande porte.

Têm respiração aérea mas podem permanecer sob a água até uma hora a grande profundidade.

São extremamente inteligentes dentro das características animais.

No livro *Água e Sexualidade*, o Dr. Michel Odent, autor mundialmente famoso por seu trabalho em partos dentro d'água, inclui valiosíssimas informações sobre os golfinhos, em particular.

Analisando o triângulo "macaco-homem-golfinho", o autor propõe que o homem é um primata... aquático! (As preciosas informações científicas de Jorge Andrea, na citada obra *Impulsos Criativos da Evolução*, particularmente sobre os animais aquáticos, corroboram a tese de Michel Odent e até mesmo acrescentam-lhe mais informes, exigindo profundas reflexões para recusá-la...).

Eis alguns dos argumentos de Michel Odent:

– das 193 espécies vivas de macacos e símios 192 são cobertas de pêlos; a única espécie sem pêlos se autodenominou "homo sapiens"...;

– dentre todos os primatas, só o homem tem uma camada de gordura sob a pele, a exemplo de todos os demais mamíferos, adaptados à água;

– biologicamente, o controle da temperatura pela perda do suor vem sendo considerado um erro: bebês não suam, só adultos; isso parece indicar que tais perdas não aconteceriam se vivêssemos em ambiente aquático, onde água e minerais existem;

– andar na posição ereta liberta as mãos para o uso de instrumentos e armas, contudo onera o organismo, daí surgirem as hérnias de virilha e as dores nas costas; tal posição é empregada por golfinhos domesticados, quando aguardam comida dos treinadores; igualmente, por peixes-boi amamentando seus bebês;

– a postura sexual face a face é única dos homens, em todos os primatas; já os cetáceos se acasalam como a espécie humana;

– lágrimas, só os homens as possuem expressando sentimentos; acontece que glândulas lacrimais só existem em mamíferos e outros animais marinhos;

– o homem sente naturalmente extrema atração pela água, ao contrário, por exemplo, dos macacos;

– os homens são os únicos primatas mergulhadores, equipados que são de reflexos de mergulho, quando seus batimentos cardíacos baixam sensivelmente.

Existem muitos outros argumentos comparativos:

. respiração humana;

. fantástica assistência que recebe dos companheiros a mãe-golfinho na hora do parto;

. características de inteligência;

. escala do desenvolvimento cerebral;

. etc.

Os estudos do Dr. Michel Odent, expostos em seu livro *Água e Sexualidade* (Ed. Siciliano/S. Paulo/SP, 1990), baseiam-se em observações científicas. Ali, o autor não radicaliza, nem faz afirmações taxativas. O estudo triangular homem-macaco-golfinho delineia, para reflexões, as desconhecidas, ou pelo menos subestimadas capacidades aquáticas do homem. Sua incitante proposição – a de que o homem tende para os mamíferos marinhos – baseia-se em abundantes estudos de renomados biólogos, citados em sua obra.

***

Pelo que representa para os seres vivos a Terra é, na verdade, uma grande escola, onde todos sem exceção – homens e animais – encontram abençoadas classes já os esperando quando, ao nascer, compulsoriamente nela são matriculados.

Classes de todos os níveis, para alunos de todos os graus evolutivos.

Os pais são os primeiros professores.

Mas a Vida – a grande lição – é contínua...

Por isso, viver é aprender e bom aluno será aquele que:

– respeita as aulas da Natureza e as imita, amando seus semelhantes;

– ama os animais, irmãos em escala inferior de progresso, mas igualmente filhos de Deus;

– cuida bem das "dependências dessa escola", protegendo a flora.

O aluno que assim proceder afastará a "reprovação", bem como lições mais difíceis, no caso, a cargo de outra infalível professora: a dor...

***

Em *O Livro dos Espíritos*, questão 705, encotramos, literalmente:

"O homem a negligencia (a Terra), o ingrato! E no entanto é ela uma *excelente mãe*. Frequentemente ele ainda acusa a *Natureza* pelas conseqüências da sua imperícia ou da sua imprevidência". (Grifos nossos)

A DOR

A "Associação Internacional para o Estudo da Dor" define-a como sendo "uma experiência sensorial e emocional desagradável, associada a danos reais ou potenciais ao tecido, ou descrita como se houvesse tal dano".

A presença da dor nas experiências com animais

Há casos em que a dor compõe a pesquisa. Aí, os períodos são estritamente os necessários.

Na maioria, contudo, a anestesia está presente.

Nenhum pesquisador age com crueldade.

A própria ética científica norteia o comportamento das pesquisas e quando é detectado sofrimento desnecessário o processo é naturalmente obstado pelo próprio encarregado.

A dor não agrada a ninguém: a quem a provoca, menos ainda a quem a sente.

Pensar que alguém provoca dor por gosto ou mesmo por irresponsabilidade impõe que do contexto "animais de laboratório" sejam excluídos pesquisadores e inseridos sádicos; nessa hipótese, o "sadopesquisador" (?) certamente não terá qualquer espaço ou futuro, não só pelos testemunhos dos colegas mas principalmente pela ausência de bons resultados, eis que animais maltratados resultam em conclusões insatisfatórias.

Sem condenação "a priori":

a) agrada-nos saber que Instituições Oficiais do "Primeiro Mundo" oferecem atraentes prêmios a cientistas que desenvolvam suas pesquisas e descobertas unicamente "in vitro" (sem emprego de animais);

b) entristece-nos saber que nos EUA existem indivíduos que, por dinheiro, se oferecem como cobaias. Aliás, aqui mesmo no Brasil, os jornais amiúde anunciam rins e olhos de pessoas que se dizem saudáveis e dispostas a doá-los mediante "expressivo agradecimento... em dinheiro".

Obs.: Nossa legislação proíbe o comércio de órgãos humanos. (Vide Constituição/1988 – art. 199 § 4º.)

Só admite a doação entre parentes.

Visa a lei evitar comércio camuflado em "gestos de generosidade".

Antes de prosseguirmos, vejamos importantes considerações a respeito da dor, contidas no cap. XIX do livro *Ação e Reação*, psicografado pelo médium Francisco C. Xavier, de autoria do Espírito André Luiz, consignando a dor em três diferentes situações:

Dor-Evolução

Age de fora para dentro, aprimora o ser, dá-lhe progresso.

Cita exemplos: animais em sacrifício, a semente na cova, a criança chorando...

Dor-Expiação

Age de dentro para fora. Marca a criatura no caminho dos séculos, situando-a em labirintos de aflição, regenerando-a e quitando-a perante a Lei Divina de Justiça.

Dor-Auxílio

É aquela representada, na maioria das vezes, na visita de prolongadas doenças físicas, impeditivas de maiores quedas morais nos abismos da criminalidade. Ou, ainda, como elemento preparatório para a transição da morte, habilitando o ser a longas reflexões.

Presença da dor na Terra

A dor está presente em todos os seres vivos: homens, animais e vegetais.

Vejamos a função da dor em cada caso:

Homens

Desde os tempos mais remotos até nossos dias, a dor vem sendo considerada por muitos como "castigo de Deus". Esse é um tremendo equívoco pois Deus não castiga o pecador nem concede prêmios ao justo: o que realmente existe são as Leis Divinas, balizando o comportamento humano; tais Leis – no caso a de Justiça – têm inarredável aplicação e isso foi conceituado por Jesus quando afirmou que "A cada um segundo suas obras".

Como atribuir ao Pai – Amor, Bondade, Inteligência, Justiça supremas – o sentimento de "castigar"? Ficar feliz ou triste, ante o justo ou o pecador? Ou "vingar-se"?

Sinceramente: isso é reduzir Deus às emoções humanas.

Jamais!

Há que dimensionar Deus em escala maior, muito maior: a Perfeição inalcançável, o Amor eterno, o Criador de tudo e de todos! E, ainda assim, são reduzidíssimas as possibilidades vocabulares de expressar ou conceituar o Criador.

No patamar evolutivo terreno, somente em nosso coração Deus pode ser sentido, dentro do possível. Quando um banhista tiver seus pés beijados pelas espumas das ondas marinhas se espraiando, e quando molhar suas mãos num gesto instintivo, poderá comparar, ainda que pobremente, a grandeza de Deus: Ele é o mar e as gotas são o máximo que nossa compreensão alcança.

A dor é inapelável conseqüência do erro.

Eficiente professora, todos os que se desviam do reto proceder automaticamente se transformam em seus alunos.

Aprendem, às vezes em duros embates, decorrentes de inconformismo ou blasfêmias, que, longe de ser uma inimiga, ela – a dor – é anunciação de que a felicidade está inquieta ante a demora do sofredor em conquistá-la. Alertando quanto às conseqüências dos maus atos, impede sua perpetuação neles. Em última análise, é corretora de desvios comportamentais fraternos.

Quando o espírito se compenetra de que colherá segundo o que plantar, entende, na amplitude, o conselho do Cristo: "A cada um será dado segundo suas obras".

Parece-nos que esse conselho é dirigido mais àquele que transgrida a Lei Divina do Amor, grande maioria da humanidade, nós inclusive.

Assim, não será prudente nem admissível conjeturarmos sobre eventual falha da Vida, que imponha sofrimento a inocentes. A Natureza, mais propriamente Deus, Nosso Pai, é a Suprema Inteligência e de forma alguma se enganaria ao atribuir expiações ou provações. Repetimos: é urgente destruir o conceito de que Deus "castiga" ou "premia" – as Leis Naturais, criadas antes dos seres, balizam toda sua trajetória evolutiva. Por isso, aquele que sofre, sofre na medida exata da sua própria culpa e na dimensão adequada à sua capacidade de resgate. Uma doença, por exemplo, numa representação cartesiana – da manifestação à cura –, percorrerá uma curva de nível em que a ordenada (eixo vertical) será a intensidade de sofrimento (dores físicas, angústias, seqüelas, etc.), e a abscissa (eixo horizontal) será o tempo de duração.

Muito contribui o Espiritismo nessa questão.

Se tal gráfico *quantifica* a dor, a Doutrina Espírita a *qualifica*, isto é, remonta-a prospectivamente à origem.

Como?

Pelos postulados da reencarnação, bênção das bênçãos divinas, onde os registros do Tempo tudo anotam, relativamente a cada criatura.

Tão sublime e tão elevada é a reencarnação, e tão celestiais seus administradores (Entidades Siderais), que seria imperdoável ousadia humana, à vista apenas do presente, perscrutar seus fundamentos em busca de eventuais enganos. Do tipo: "Por que criancinhas morrem tragicamente?" "Por que AIDS em crianças?" "Por que há os que nascem cegos?" "Por que coletividades morrem à míngua, de fome?"...

Certamente, e apenas disso podemos estar certos, são dívidas antigas, contraídas em outras vidas.

Pelos mecanismos reencarnacionistas, todos evoluem, de vida em vida, de erro em erro, de acerto em acerto, de aprendizado em aprendizado, de convivência em convivência, de resgate em resgate, de aquisição em aquisição...

O mundo não é residência exclusiva de inquilinos humanos: nesse trajeto evolutivo, o racional a princípio não o era, vindo dos reinos inferiores, tutelado sempre por prepostos de Jesus. Até por reconhecimento disso, quando não seja por gratidão, não cabe ao homem dispor da vida dos seus irmãos animais, seja a que título for.

Há "espíritos da natureza" cuja missão é proteger os animais, sob orientação de Espíritos elevados. Podemos imaginar o que sentem esses Mensageiros do Amor Divino ante a dor imposta pelos homens aos animais?

O homem, no início de seu estágio evolutivo *como racional*, recebe de Deus uma essência (a mônada, da qual trataremos adiante), contendo potencialmente todos os atributos divinos, qual semente que terá que vencer toneladas de terra, para um dia, árvore, frutificar.

No âmago da consciência, certamente até mesmo os cientistas – privilegiados cérebros humanos – hão de registrar que o sacrifício de animais é procedimento que coloca a Ciência em rota de colisão com a Natureza, mãe dadivosa de todos os seres vivos.

Falando-se de pesquisas científicas – segmento da agropecuária – inaceitável é a profanação da naturalidade genética, em busca de ganhos financeiros; seus responsáveis, nas etapas reencarnacionistas seguintes, muito provavelmente terão estágios de grande carência material, talvez até em países onde o animal seja exacerbadamente protegido, intocável.

Animais

Muitas pessoas questionam o fato de os animais sofrerem, muitas vezes cruelmente, sem que isso possa ser enquadrado na Justiça Divina, eis que não possuem consciência, nem livre-arbítrio, e, em conseqüência, neles não há débitos a resgatar.

No caso dos animais, precisamos considerar que neles a dor age como impulso evolutivo:

– ante o perigo, o instinto de sobrevivência conduz a mecanismos de defesa: ocultação, fuga, combate;

– quando feridos, os próprios animais, eventualmente seus companheiros, lambem os machucados numa rudimentar ação de assepsia, na busca da cura ou alívio – isso representa os primórdios da fraternidade;

– quando morrem em acidentes ou em sinistros naturais, ou ainda quando por qualquer razão ficam aleijados, há nesses fatos todo um quadro de aquisição de experiências e aprendizados marcantes, relativo à dor, que impregna o ser para a eternidade;

– quando abatidos ou injuriados pelo homem, de forma intencional ou não, seja pelo motivo que seja, duas hipóteses, no mínimo, podem ser avocadas:

1ª – trata-se da "dor-evolução" e seu sacrifício promove ou resulta no bem.

2ª – talvez o animal esteja no final da depuração evolutiva de sua linhagem.

Essa última hipótese tem que socorrer-se das escalas evolutivas dos seres:

– não seriam os bovinos o último degrau evolutivo da linhagem dos mamíferos predadores de grande porte, hoje extintos?

– os gatos não seriam a resultante evolutiva dos felídios?

– os cães não seriam o topo da árvore genealógica dos canídeos?

– os roedores, sucumbindo aos milhares nos laboratórios de pesquisas, não estariam atenuando seu repulsivo contato com a humanidade? Não podemos esquecer que os "hamster", as cobaias e mesmo os coelhos são animais de muito agradável presença, já os havendo domésticos.

– quanto aos animais domésticos em geral, que recebem cuidados e conforto extremos, será que isso os torna realmente felizes? Até que ponto sua natureza valoriza essa artificial "humanização"? Um cão, tratado com sofisticação, talvez não apreciasse mais rolar na grama, correr pelos campos, matos ou grandes espaços, junto a outros companheiros, do que viver segregado em apartamentos, sobre almofadas acetinadas? E, ainda, às dietas impostas, um "mísero" ossinho não o agradaria mais? E que dizer de seus impulsos sexuais: ou impedidos ou realizados em encontros híbridos de naturalidade?

Agora, o mais grave: o que pensar dos cães, geralmente de grande porte e naturalmente ferozes, serem treinados para ataque, sendo-lhes incutidas maiores doses de agressividade, brutalidade, destruição? E ainda pior: animais treinados para duelos com similares ou não, tendo por pano de fundo grandes apostas financeiras.

Francamente: os dois últimos casos (cerceamento da sexualidade e aumento da ferocidade) representam, respectivamente, vertentes da ignorância e crueldade humanas; quanto aos demais, matéria para reflexão.

A ignorância desaparecerá à medida que o homem evolver, em mundos compatíveis ao seu estágio moral.

A crueldade, porém, significa contração de pesadas dívidas ante o tribunal da consciência de quem a pratica; esses, despertos pelo arrependimento desses sonhos trevosos a que voluntariamente se entregaram, terão a Dor por corregedoria; seus sofrimentos serão proporcionalmente iguais aos que infligiram. Provavelmente, esta seja uma das causas de tantas doenças, tantas anomalias congênitas, tantos desastres mutiladores.

Vegetais

Existem doenças peculiares que exigem adubos e fungicidas.

Plantas domésticas "apreciam" o carinho de quem as trata, tanto quanto se retraem ante agressões físicas, sonoras ou ambientais. Uma árvore tombada no chão é um dos espetáculos que mais deprimem os amantes da natureza: a seiva escorrendo dos troncos e galhos, as folhas murchando e perdendo o brilho.

Minerais

Os minerais sofrem dor?

O Espírito André Luiz, na obra citada neste capítulo, informa que "o ferro sob o malho sofre a dor-evolução, ajudando o progresso da economia da vida em expansão". Tal citação, salvo melhor juízo, traduz tão-somente figura poética, judiciosamente aplicada dentro do contexto em que foi inserida.

A dor no século XXI

A Medicina, desde seus primórdios, vem buscando formas de combater a dor, mal quc afeta a todos os seres vivos. Apenas para citarmos um exemplo: a humanidade sofre de cerca de cem tipos diferentes de dor de cabeça, segundo classificação feita em 1988 pela "Sociedade Internacional de Cefaléia". Foram encontradas múmias com trepanação craniana (perfuração cirúrgica), indicando que a dor de cabeça é velha companheira do homem.

Analgésicos e incontáveis terapias da atualidade certamente serão modificados no decorrer do século. Concentram-se hoje os cientistas em trabalhar nos chamados "portões da dor": um na medula espinhal e outro nas terminações nervosas específicas, na periferia do trauma (ou da injúria), que desencadeiam a dor. A idéia é fechar tais "portões", copiando a natureza, com a administração de drogas, semelhantes à endorfina (produzida pelo sistema nervoso central). A endorfina é um tipo de morfina fabricada pelo corpo. Parte desse processo já vem sendo empregada nas cirurgias, sendo previamente administrados anestésicos locais no ponto do machucado, além dos gerais. Com isso, as mensagens da dor, na hora e após a cirurgia, são bloqueadas e a recuperação do paciente é sensivelmente menos dolorosa.

Para casos extremos a Medicina já realiza as chamadas "cirurgias analgésicas", que interrompem o fluxo dos sinais de dor, seccionando partes das vias que os conduzem.

Feitas as considerações acima, cabe questionar quanto aos progressos da Medicina que sinalizam a supressão total da dor num futuro breve:

Fato 1 – Presença da dor

– a dor acompanha todos os seres vivos, desde sua criação;

– a dor é sempre subjetiva (cada indivíduo aplica a palavra segundo experiências relacionadas a machucados no início da vida);

– a dor ocorre também por razões psicológicas, ausentes quaisquer ferimentos ou lesões;

– a dor provoca reações com alguma semelhança, principalmente entre homens e animais.

Fato 2 – Ausência da dor

– sem dor, o sistema de vida neste mundo será infinitamente melhor que o atual;

– devem ser excluídos do item anterior os casos em que a ausência da dor se deve a alguma morbidez, tal como a hanseníase (hansenianos têm graves traumas, pois a insensibilidade não promove cuidados ou defesas em casos de ferimentos).

Fato 3 – Fundamento espiritual da dor

– necessariamente, a evolução espiritual distancia o indivíduo da dor;

– a dor é um processo de despertamento que age em potencial: só se apresenta quando alguma coisa está errada – tanto espiritual, quanto materialmente se falando;

– não fosse a dor, todos os que agissem erradamente, muitas vezes com crueldade, jamais retificariam tão infeliz trajetória: o mal, neles, se perpetuaria;

– pelo princípio da compulsoriedade os Mensageiros Celestiais, norteados pela Justiça Divina, freiam o mau comportamento do réprobo que, em conseqüência, sofre alguma doença ou incapacidade, dolorosas e inibitórias – desde a existência presente ou em vidas futuras.

Como podemos conjeturar, a dor é um mecanismo de alerta. Dos mais eficientes... Com ou sem lesão, manifesta-se de início sobre o organismo, impondo reação imediata ao princípio espiritual do sofredor (homem ou animal), visando expurgá-la.

Livrar-se da dor é ato intrínseco dos seres viventes normais.

Supor que tal processo seja *totalmente* banido da face da Terra, remeter-nos-á a transcendentais conseqüências, emergindo a principal: o mundo deixando de ser de "provas e expiações", sendo promovido a "mundo de regeneração", no elevado dizer de Allan Kardec.(1)

Em acontecendo tal promoção, seus habitantes serão mais felizes.

Quando isso ocorrerá?

No Terceiro Milênio, que já se avizinha?

Seria imprudente responder, mas pela Lei Divina do Progresso esse é o nosso futuro.

Hermínio C. Miranda, festejado escritor espírita, diz-nos:(2)

"*As dores resultam precisamente do nosso atrito com as ordenações cósmicas criadas para corrigir desvios, a fim de que o universo não reverta ao caos de onde saiu e, ao mesmo tempo, para que cada um encontre o seu caminho na longa peregrinação de volta a Deus.*

---

(1) Em *O Livro dos Espíritos* (questões 182 e 185) de Allan Kardec; *O Evangelho Segundo o Espiritismo*, também de Allan Kardec, Cap. III, nºs 3 e 4 – "Diferentes categorias de mundos habitados".

(2) Em *Boletim Semanal Espírita SEI*, Rio de Janeiro, 30 de janeiro de 1993.

Com cerca de dois milênios de genuína prática cristã – leia-se comportamento adequado –, não teríamos conjurado de todo as dores do momento que vivemos, mas, pelo menos, estaríamos preparados para elas, cientes e conscientes de suas razões e de suas motivações corretivas.

Possamos gravar bem à vista, nos escaninhos da memória, que a dor costuma marcar o momento primeiro no qual a libertação começa a alvorecer, desde que tenhamos aprendido a lição, às vezes dura, que ela nos ministra.

Para que este conceito se implante, contudo, e lance suas raízes e suscite, em nossa intimidade, urgentes mudanças de postura e de ação, impõe-se a premissa de que somos seres imortais, reencarnantes e responsáveis, programados, desde as desconhecidas origens, para a felicidade total e a paz definitiva."

Quanto à Medicina descobrir meios para banir a dor, isso é maravilhoso.

Cumpre apenas ponderar quantos sofredores terão condições de usufruir dessa benesse, já que, atualmente, muitos outros progressos científicos estão a "milhas de distância" de grande parte das pessoas e até mesmo de países, por questões financeiras ou políticas.

Somente com a implantação do Reino de Deus, que é o do Amor, a Humanidade terá a dor como lembrança e como angelical motivação para auxílio nos mundos onde ainda exista.

***

Obs.: Dor nos vegetais – duas proposições

a) Espírito André Luiz, em *Ação e Reação*, Cap. XIX:

– "os vegetais progridem pela dor-evolução";

b) Léon Denis, em *O Problema do Ser, do Destino e da Dor*, Cap. XXVI – A Dor:

– "tudo o que vive neste mundo: natureza, animal, homem, sofre"... (grifo nosso)

– "o homem precisa do sofrimento como o fruto da vide precisa do lagar para se lhe extrair o licor precioso". (grifo nosso)

Sem muito esforço, creditamos os conceitos acima à insuficiência da linguagem humana, para melhor explicitar o progresso dos vegetais, por ações em muito semelhantes às que nos animais e nos homens lhes causam dor (quaisquer danos físicos).

OS ANIMAIS E O ESPIRITISMO

Um Edifício chamado Espiritismo

Considerando que Espíritos iluminados – particularmente o "Espírito de Verdade" – sustentaram Kardec na codificação da Doutrina Espírita, podemos imaginar que ele foi o mestre-de-obras designado para construir o alicerce, firme e completo, sobre e a partir do qual incessantemente se ergueria uma obra moral – o Espiritismo. Essa obra, desde seu início, teve o caráter de abrigo universal, a todos os homens de boa vontade, não comportando quaisquer extratos – filosóficos, morais ou religiosos; seus andares seriam ocupados, a partir do "térreo", proporcionalmente na razão direta da evolução espiritual dos inquilinos. Por exemplo: o respeito à Natureza (flora e fauna) constitui aval para residir em andares intermediários...

Com efeito, os cinco livros básicos do Espiritismo, elaborados por Kardec, são o alicerce, sendo notável que ao seu empós jorraram e continuam jorrando novos livros que, sem alterar a base, contudo mobiliam e aparelham essa grande construção.

A Ciência, "pari passu", desde o início foi cadastrada como uma das fornecedoras de material para o edifício espírita, no qual as portas da Razão, desde sempre, estiveram abertas para a Humanidade.

A extensa literatura doutrinária (outra importante fornecedora), posterior ao alicerce kardecista, comprova que aquela base foi feita para sobre ela erguer-se abrigo aos espíritos sedentos de luz.

O exercício mediúnico pode ser considerado a "mão-de-obra" nessa construção.

O projetista dessa fantástica e sublime edificação: Jesus!

Tal obra, crescendo sempre, cada vez mais se aproxima do céu; nós, seus inquilinos dos andares intermediários, iremos paulatinamente passando para andares superiores, à medida que merecermos o conforto que Jesus idealizou sob o título "bem-aventuranças". Tal merecimento advirá do nosso esforço: cada vez que alijarmos um defeito da nossa personalidade, ganharemos o direito de morar mais alto...

Analisando em profundidade tão maravilhoso projeto, encontramos em detalhes as etapas de tempo e espaço nas quais essa obra se enquadrou:

– criação do mundo (Terra);

– transformações/combinações de elementos;

– gases: solidificação/liquefação (formação da matéria);

– adequação ambiente à Vida: criação de material inorgânico;

– princípio vital: dispensado a vegetais e animais (unicelulares, a princípio);

– elo entre o vegetal e o animal: zoófitos (animais-plantas);

– vegetais: nascem, vivem, crescem, nutrem-se, respiram, reproduzem-se, morrem;

– animais: idem, idem;

– diferença entre vegetais e animais: aqueles não se deslocam, são presos ao solo, de onde retiram sua nutrição, recebem luz, calor e água; estes se locomovem, encontram nos seus "habitats" o necessário à sobrevivência, possuindo excepcional equipamento para se manter: os instintos;

– princípio inteligente: existente a partir dos animais rudimentares;

– humanidade: formada pelo reino hominal, a partir da evolução do princípio inteligente dos animais, que sofre uma transformação, passando a ser Espírito (o ponto de partida do

Espírito se liga ao próprio Princípio Criador, o que, absolutamente, não é dado ao homem conhecer);

– homens: pelos princípios evolucionistas (de todos os seres vivos) que o Espiritismo esposa, constituem grau superior aos animais, posto que dotados de inteligência, livre-arbítrio e consciência.

Considerando que o Espiritismo é, a um só tempo, filosofia, ciência e religião, estudando-o entenderemos algumas complexas questões, com o que muito será facilitado nosso viver, e mais que isso, nosso progresso espiritual.

São tantas as questões...

Analisemos algumas.

Inteligência

Debatem-se alguns filósofos: Se o homem é animal, como justificar a superioridade intelectiva de alguns animais sobre alguns homens? (Talvez estejam se referindo aos povos primitivos, de vida rudimentar, cuja moral e selvajeria extrema por vezes nos espantam. Tais criaturas, rareando cada vez mais sobre a Terra, em contato com missionários religiosos e com filantropos da civilização, demonstram ausência total de sentimentos éticos, ingenuidade inaudita e mediana assimilação de linguagem e aprendizados).

Dissolve-se a dúvida quando verificamos que o cérebro humano, proporcionalmente maior, é o órgão que comanda, no corpo, as ações do espírito, com capacidade de resolver problemas por meio de ações contínuas, encadeadas.

Alguns animais demonstram habilidades, mas apenas fragmentos de solução a problemas que lhes sejam antepostos; demonstram rudimentar inteligência em casos ligados à provisão e conservação – nada mais.

Dizer que alguns animais são mais inteligentes do que algumas criaturas humanas, invocando a idiotia ou mongolismo, constitui juízo apressado, desconsiderando as nuances da Lei Natural de Justiça, que, por meio da reencarnação, por vezes, compulsoriamente, cria obstáculos cerebrais. Tais deficientes assim vêm ao mundo para resgatar mau emprego de altíssimas potencialidades mentais ou intelectuais, feito em vidas pregressas. Agiram inteligentemente com crueldade e com isso amealharam hordas de terríveis inimigos, que avidamente os caçam, vidas e vidas adiante, para vingança. Encontrando-os, resguardados com a intransponível muralha da deficiência cerebral, nada podem fazer e acabam, eles próprios, desistindo, mais em razão do incessante progresso que rege a vida de todos os seres. Familiares de quem tem o cérebro assim bloqueado talvez sejam comparsas diretos ou indiretos das ações equivocadas que o passado indelevelmente registra na consciência de cada um.

Não poderíamos afirmar que *todos* os que apresentam tais dolorosos quadros vivenciais sejam réprobos, expiando o passado. Muitos talvez estejam em provações (o que é fundamentalmente diferente de expiação); outros, ainda, podem assim estagiar na carne, missionariamente.

Instinto

Os instintos – todos os possuímos – homens e animais: agem através das ações executadas sem mentalização, sem aprendizagem.

Notável que cada espécie animal tem instintos específicos:

– aves, construindo ninhos;

– ursos, hibernando (vida orgânica reduzida ao metabolismo de pouco mais de 1%!);

– tartarugas, já ao nascer buscando avidamente ambientes aquáticos;

– felinos, colocando-se contra o vento, na caça;

– gatos, encobrindo com terra seus dejetos;

– cães, enterrando ossos;

– abelhas, formando a maravilha das colméias;

– aranhas, tecendo suas inigualáveis teias;

– etc., etc.

Tais propriedades instintivas, individualizadas por espécie animal, vêm se repetindo ao longo de milhões e milhões de anos, levando alguns naturalistas, ou mesmo alguns filósofos, a crer na perpetuidade da vida animal sem evolução.

Não é o caso: todos os seres foram criados por Deus e é da Lei Natural do Progresso que todos, sem exceção, evoluam. A nós é que ainda não é dado conhecer todos os mecanismos da Evolução, tal como o Criador a engendrou.

Não faltam admoestações dos Instrutores Espirituais nesse sentido: "muitas, mas muitas mesmo, são as coisas de Deus que o homem terreno desconhece".

Gabriel Delanne[(1)] (1857-1926) já asseverava (isso no século passado):

"A descendência animal do homem impõe-se com evidência luminosa a todo pensador imparcial. Somos, evidentemente, o último ramo aflorado da grande árvore da vida, e resumimos, acumulando-os, todos os caracteres físicos, intelectuais e morais, assinalados isoladamente em cada um dos indivíduos que perfazem a série dos seres.

Que se considerem os animais como existindo de maneira invariável desde a origem das idades, ou que os acreditemos derivados uns dos outros, menos certo não é que os espécimes

---

(1) Em *A Evolução Anímica*, cap. II.

da nossa época se ligam entre si de modo tão íntimo, que podemos passar do homem à célula mais simples, sem encontrarmos soluções de continuidade".

Linguagem

Homens e animais possuem-na.

A dos homens é articulada: sons vocais ou sinais gráficos.

A dos animais, em alguns casos, é sonora, ou ultrasonora, como por exemplo a dos delfins, com cerca de 400 "palavras".

Animais, em outros casos, podem comunicar-se por vibrações (peixes), por sinais (bando de andorinhas seguindo o líder), etc.

Alma

A dos animais é diferente da humana, de gradação inferior.

Não possuindo inteligência, os animais não possuem igualmente consciência, livre-arbítrio, senso moral, nem responsabilidade.

Ao desencarnarem, homens e animais mantêm sua individualidade, contudo, os animais são orientados e mantidos por Espíritos da Natureza, em grupos específicos a cada raça.

Reencarnação

A reencarnação é instrumento divino da Lei do Progresso.

A ambos contempla – homem e animal. No animal é quase seqüencial à morte. Não podendo escolher em que espécie reencarnar, pela inexistência de livre-arbítrio, podemos supor que, à medida que progridem (acúmulo de experiências), os animais vão subindo os galhos da árvore genealógica da espécie. Assim, talvez não seja exagero conjeturarmos que o gato mansinho de hoje terá sido ontem o felino selvagem e predador, de grande porte; o cão, agora fiel e amigo do homem, talvez tenha iniciado a palmilhar existências como chacal ou lobo...

Obs.: alguns animais podem demorar a reencarnar; isso se deve à decisão dos Espíritos deles incumbidos, que mantêm alguns no mundo espiritual, em tarefas auxiliares às atividades daquele plano (cães e cavalos, por exemplo, muito citados na literatura espírita).

Metempsicose

Metempsicose quer dizer: transmigração de almas, de um para outro corpo – reencarnação da alma, após a morte, num corpo humano, animal ou num vegetal. Essa teoria caracterizou algumas religiões antigas no Egito, na Índia e na Grécia.

Soberbo equívoco, um espírito reencarnar em reino inferior. Tal constituir-se-ia em retrogradação (inexistente nos planos da Natureza), pois seria impossível ao espírito anular seu progresso e habitar no animal, ou em planta, sem inteligência, sem consciência, sem moral, sem livre-arbítrio, sem sentimentos.

A metempsicose(2) *seria verdadeira se por ela se entendesse a progressão da alma de um estado inferior para um superior (animal-homem), e assim mesmo sem fusão, isto é, teriam que ser realizados os desenvolvimentos que transformariam a alma animal na humana.*

---

(2) Em *O Livro dos Espíritos* (questão 611), de Allan Kardec.

Mais uma vez é aqui lembrado que "o ponto de partida do Espírito é uma dessas questões que se ligam ao princípio das coisas e estão nos segredos de Deus".

Elo entre animal e hominal

Encontrar ou decifrar o "elo perdido" talvez seja o maior desafio científico de todos os tempos!

Não lograram êxito os maiores cérebros humanos dedicados a encontrar, explicar e provar o ponto de hominização do animal e suas sucessivas escalas evolutivas conducentes ao patamar do atual "Homo Sapiens" (nós...).

É nesse ponto que o Espiritismo, em socorro da curiosidade investigativa, ilumina de forma incomparável tão escuros labirintos, nos quais as Ciências se debatem há muito tempo:

– os animais que se destacam realizam estágios intermediários de vida material em planetas inferiores à Terra. Nesses planetas, engenheiros siderais, prepostos do Cristo, modificam seus revestimentos espirituais (perispírito), para adequá-los à fala e à vida racional; considerando que o perispírito é o molde do corpo físico, aí reside a semelhança física do homem com alguns animais; também é por esse motivo que a Ciência ainda não localizou o "elo perdido", isto é, não conseguiu determinar quando foi que o homem "desceu da árvore" (deixando de ser macaco): é que a transição ocorre no plano espiritual...

– Allan Kardec, já em 1857, trouxe-nos a informação do "Espírito de Verdade" – o Mestre Jesus –, sobre o início do estado da Humanidade:

"a inteligência do homem e a dos animais emanam de um princípio único, mas no homem ela passou por uma elaboração que a eleva sobre a dos brutos";[3]

---

[3] *O Livro dos Espíritos*, questão nº 606.

"a Terra não é o ponto de partida da primeira encarnação humana. O período de humanidade começa, em geral, nos mundos ainda mais inferiores. Essa, entretanto, não é uma regra absoluta e poderia acontecer que um Espírito, desde o seu início humano, estivesse apto a viver na Terra. Esse caso não é freqüente, e seria antes uma exceção."[4]

O Espírito Emmanuel, em 1938, informou, em *A Caminho da Luz*, em linhas gerais:

. todas as espécies vivas tiveram delineada sua linhagem evolutiva;

. Jesus, com seus Engenheiros Siderais auxiliares, orientou as grandes transformações materiais da Terra, desde o período terciário, de forma a sustentar aos seres viventes sua marcha rumo à racionalidade;

. peixes, répteis e mamíferos tiveram linhagem fixa de desenvolvimento;

. quanto ao homem, não escaparia a esse mesmo processo: assim, os antropóides das cavernas espalharam-se pela Terra e, após séculos e mais séculos de experiências (sob supervisão de elevadas entidades espirituais), vamos encontrá-los constituindo nossos antepassados distantes; após outros inumeráveis séculos, preciosas equipes do plano invisível operaram, nas regiões siderais e nos intervalos de suas reencarnações, a sublime e definitiva transição no corpo perispiritual daqueles primatas; surgem então os primeiros selvagens, cuja compleição em muito assemelhava-se à nossa atual;

. como Deus não cessa de criar, justo será deduzirmos que também é permanente o labor sideral, acima descrito.

---

[4] *O Livro dos Espíritos*, questão nº 607.

Ainda o Espírito Emmanuel, em 1940, em *O Consolador*:

Questão 79 – "Como interpretar nosso parentesco com os animais?"

Resposta: "Considerando que eles igualmente possuem, diante do tempo, um porvir de fecundas realizações, através de numerosas experiências chegarão, um dia, ao chamado reino hominal, como, por nossa vez, alcançaremos, no escoar dos milênios, a situação de angelitude. A escala do progresso é sublime e infinita. No quadro exíguo dos vossos conhecimentos, busquemos uma figura que nos convoque ao sentimento de solidariedade e de amor que deve imperar em todos os departamentos da natureza visível e invisível. O mineral é atração. O vegetal é sensação. O animal é instinto. O homem é razão. O anjo é divindade. Busquemos reconhecer a infinidade de laços que nos unem nos valores gradativos da evolução e ergamos em nosso íntimo o santuário eterno da fraternidade universal".

– O Espírito André Luiz, em 1958, consigna em *Evolução em Dois Mundos*:

". orientadores da Vida Maior acolhem animais nobres desencarnados (como se faz na Terra com crianças de tenra idade), internando-os em verdadeiros 'jardins de infância', para os primeiros aprendizados a se fixarem no cérebro, de forma seqüencial e progressiva; ali, reunidos por simbiose comportamental, seus centros nervosos se exercitam, tudo a cargo de instrutores celestes;

. escoando-se os milênios, da junção de forças sensitivas e vegetativas, o centro coronário, entrosando-se com o centro cerebral, permite ao espírito, já agora equipado de auto-escolha, com responsabilidade, pavimentar sua rota evolutiva, rumo a Deus."

Ora, acoplando as informações de Kardec, Emmanuel e André Luiz, não padecem aos espíritas quaisquer dúvidas de que o homem procede do animal.

E mais que isso: o "elo perdido" já não mais o é, eis que, pela pluralidade dos mundos, ao Espiritismo é perfeitamente aceitável que, se tal elo não está na Terra, pode perfeitamente localizar-se nas "muitas moradas" a que Jesus se referiu.

Existindo mundos inferiores, ou geologicamente mais novos que o nosso, certamente a maioria dos seus habitantes terão grau evolutivo também inferior ao nosso e será ali que encontrarão as melhores condições para seu progresso.

Sabendo que o perispírito se forma da matéria cósmica do mundo em que o ser vai habitar, servindo de molde para o corpo físico; sabendo que nos mundos felizes habitam espíritos evoluídos, cujo perispírito ou é quase diáfano ou mesmo prescindível, lógico será supormos que nos mundos involuídos o perispírito será de textura densa; temos, assim, que animais terrestres por seu mérito irão para mundos inferiores à Terra, onde estagiarão até poderem a ela retornar, já agora como homem selvagem, mas com corpos mais elegantes; outro não será o motivo pelo qual, no intervalo das reencarnações, cirurgiões celestiais promovem nos perispíritos as mudanças tendentes a adequá-los ao mundo que, por mérito, forem transferidos ou recambiados.

Caro leitor não espírita: se você nos acompanhou até aqui, encarecemos que medite sobre a palavra vinda do Plano Maior e conceda à razão uma oportunidade de considerar, como hipótese de trabalho, as premissas expostas. A paisagem ora ofertada aos seus olhos espirituais deve ser vista de várias janelas, não apenas de um ponto fixo.

– E então?...

Elos da vida

Aceito o princípio evolucionista segundo o qual o homem estagiou em algumas espécies do reino animal inferior, surge apaixonante incerteza – é a questão muito discutida nos meios espíritas, sobre a qual gostaríamos de nos debruçar: os minerais têm vida e o espírito (princípio inteligente) neles estagiou, nos seus primeiros instantes?

Muitos, mas muitos mesmo, acham que sim.

Baseiam-se:

1º) A questão 540 de *O Livro dos Espíritos* traz informe dos Espíritos sobre a progressão do princípio inteligente, complementando que "O arcanjo começou do átomo";

2º) Léon Denis (1846-1927), considerado o "consolidador do Espiritismo": "A alma dorme na pedra, sonha no vegetal, agita-se no animal e acorda no homem";[5]

3º) André Luiz (Espírito):

a. "A crisálida de consciência, que reside no cristal a rolar na corrente do rio, aí se acha em processo liberatório."[6]

b. "Das cristalizações atômicas e dos minerais, dos vírus e do protoplasma, das bactérias... a mônada... atravessou os mais rudes crivos da adaptação..."[7]

Aprofundando análises nas assertivas acima, aparentemente quase irrecusáveis, podemos tirar ilações que, sem desautorizá-las, tenderão a modificar-lhes o significado de uma primeira leitura rápida. Vejamos:

---

(5) Citação cuja fonte é o livro *Agonia das Religiões*, de José Herculano Pires (1914-1979), cap. V.

(6) Em *No Mundo Maior*, cap. III, psicografado por Francisco Cândido Xavier.

(7) Em *Evolução em Dois Mundos*, cap. III, também psicografado por Francisco Cândido Xavier.

Kardec:

– se aceitarmos que o arcanjo originou-se no átomo, desaparece o reino inorgânico, o que não é possível. Por isso, outro deve ser o entendimento da expressão "átomo": *indivisível*, isto é, do ser unicelular ao multicelular;[8]

– "a matéria inerte, que constitui o reino mineral, não possui mais do que uma força mecânica";[9]

– "a vida é um efeito produzido pela ação de um agente (Princípio Vital) sobre a matéria. Esse agente, sem a matéria, não é vida, da mesma forma que a matéria não pode viver sem ele. É ele que dá vida a todos os seres que o absorvem e assimilam."[10] (Nós próprios, ao tocarmos gigantescas rochas tais como o Pão-de-Açúcar (RJ), Pedra do Baú (São Bento do Sapucaí/SP), ou em rochas intermediárias, como "Pedra Balão" (Poços de Caldas/MG), "Pedra do Jacaré" (Caraguatatuba/SP), e ainda em pedras menores, tais como seixos, cascalhos, grãos de areia – não podemos negar a intuição de que nelas não há princípio inteligente, nem princípio vital, mas, sim, uma enorme força de agregação atômica).

Plenos de amor e respeito, nosso espírito emudece quando "quase as ouvimos" nos dizerem como é insondável o princípio das coisas e da Vida... a Eternidade.

Não podemos falar de rochas sem ouvir as palavras do Espírito Kahena:[11] "As pedras são, de certo modo, filhas das águas, e o laboratório que as transformou em estrutura óssea do planeta foi o tempo". Mais adiante: "Nós outros, em tempos idos, nos servimos das rochas, como sendo nossos corpos, na

---

[8, 9, 10] Em *O Livro dos Espíritos* (questões 540, 585 e 63 respectivamente).

[11] Em *Canção da Natureza*, Editora Espírita Cristã Fonte Viva, Belo Horizonte, MG, 1989, pág. 82, 1ª edição.

fieira do primitivismo, como sendo o alicerce do nosso edifício de ascensão".

Estamos aqui, diante de fecunda oferta para análises:

– de alguma forma, absolutamente insondável, quando da nossa criação por Deus, ou na "pré-criação", teríamos estagiado nas rochas?

– tal estágio, se houve, seria o responsável pelo nosso sentido físico de agregação molecular?

– seria essa a explicação para que o nosso organismo seja formado de alimentos e substâncias provindas do solo (sendo, esse, rochas dissolvidas pela ação do tempo)?

Léon Denis:

– julga que a vida começa já no reino material: "o homem é, pois, ao mesmo tempo, espírito e matéria, alma e corpo... matéria e espírito talvez sejam formas imperfeitas da expressão das duas formas de vida eterna (dois princípios criados por Deus: material e espiritual); na planta a inteligência dormita."[12]

(Aqui é a planta que dormita...).

– em sua linguagem peculiar diz: "as estações sucedem-se no seu ritmo imponente. O inverno é o sono das coisas; a primavera é o despertar"...[13]

(Agora é o inverno que "dorme").

Tudo indica que deve ser atribuído às citações o sentido figurado, até porque seu autor (se é que foi mesmo Léon Denis, pois não há registro da origem da frase inicial) reconhece, na mesma obra, cap. IX: "a cadeia das espécies, até nós, desenrola-se desde a célula verde, desde o embrião errante, boiando à flor das águas..."[14]

---

(12) Em *O Problema do Ser, do Destino e da Dor*, de Léon Dénis.

(13) Idem, cap. XVIII.

(14) Idem, cap. XIX.

– ainda: "já dissemos: a inteligência não pode provir da matéria...; nada têm de comum as faculdades da alma com a matéria".[15]

A expressão de que "a alma dorme na pedra" não pode ser aceita, a não ser como expressão poética. Aceitá-la, como o fazem muitos espíritas, nos arremessaria a um labirinto, já que o início da matéria antecede ao do Espírito, mas desde quando? Não podemos nos esquecer que em *O Livro dos Espíritos* consta que *só Deus* sabe se a matéria existe desde toda a eternidade ou não.[16]

André Luiz, J. Herculano Pires e Emmanuel:

– ao citar "a crisálida de consciência que reside no cristal...", certamente referia-se à mônada celeste, como idéia do início da grande peregrinação evolutiva da alma, isto é, o instante exato da criação do ser vivo com "princípio inteligente" – unicelular ("simples e ignorante", nos termos de *O Livro dos Espíritos*).

– falando sobre os primórdios da vida, diz-nos que: "as mônadas celestes exprimem-se no mundo através da rede filamentosa do protoplasma de que se lhes derivaria a existência organizada no Globo constituído".[17]

Obs.: Apenas para auxiliar conjeturas, em face da transcendentalidade que reveste a origem dos seres vivos, deduzimos que as "mônadas celestes" foram trazidas do

---

(15) Em *Depois da Morte*, cap. X, também de Léon Dénis.

(16) Em *O Livro dos Espíritos*, de Allan Kardec (questão 21).

(17) Em *Evolução em Dois Mundos*, de André Luiz, psicografado por Francisco Cândido Xavier, cap. II.

plano espiritual, pelos Mensageiros Auxiliares de Deus, "materializando-se" na Terra, no reino orgânico, manifestando-se inicialmente no protoplasma.

a. Diz Emmanuel (Espírito): "o protoplasma foi o embrião de todas as organizações do globo terrestre, e, se essa matéria, sem forma definida, cobria a crosta solidificada do planeta, em breve a condensação da massa dava origem ao surgimento do núcleo, iniciando-se as primeiras manifestações dos seres vivos. Os primeiros habitantes da Terra, no plano material, são as células albuminóides, as amebas e todas as organizações unicelulares, isoladas e livres, que se multiplicam prodigiosamente na temperatura tépida dos oceanos";[18]

b. André Luiz (Espírito), em Evolução em Dois Mundos, *"estagiando nos marsupiais e cetáceos do eoceno médio, nos rinocerotídeos, cervídeos, antilopídeos, eqüídeos, canídeos, proboscídeos e antropóides inferiores do mioceno e exteriorizando-se nos mamíferos mais nobres do plioceno, incorpora aquisições de importância entre os megatérios e mamutes, precursores da fauna atual da Terra, e, alcançando os pitecantropóides da era quaternária, que antecederam as embrionárias civilizações paleolíticas, a* ***mônada*** *vertida do Plano Espiritual sobre o Plano Físico atravessou os mais rudes crivos da adaptação e seleção, assimilando os valores múltiplos da organização, da reprodução, da memória, do instinto, da sensibilidade, da percepção e da preservação própria, penetrando, assim, pelas vias da inteligência mais completa e laboriosamente adquirida, nas faixas inaugurais da razão".*[19]

---

[18] Em *A Caminho da Luz*, também psicografado por Francisco Cândido Xavier, cap. II.

[19] Cap. III da obra referida.

c. Diz o Prof. Herculano Pires, "o sopro de Deus nas ventas do homem de barro, para infundir-lhe o princípio da vida e da inteligência, é a ligação do espírito com a matéria na formação da ***mônada****; as mônadas diferenciadas, com características específicas, seriam semeadas no espaço para a germinação lenta, mas segura e contínua, dos conteúdos essenciais de cada uma delas; a mônada é a semente do ser, da criatura humana e divina que dela surgirá nas dimensões da temporalidade".*[20]

Já conceituado o vocábulo *mônada*, se nós substituirmos na questão 585 de *O Livro dos Espíritos* a palavra *átomo* por "mônada celeste", poderemos melhor compreender (ou imaginar) como a Vida se interliga entre os reinos material e espiritual:

Reino inorgânico:

– criado por Deus, em tempos anteriores aos seres vivos: "Deus jamais esteve inativo; só Ele sabe se a matéria existe desde toda a eternidade ou não";[21]

– possui forças mecânicas – força de atração e agregação (átomos);

– é instrumento para a vida de todos os seres vivos;

– agrega-se e desagrega-se constantemente por fatores físicos ou químicos, mas apenas até ao nível dos átomos; tais átomos, desagregados, cedo ou tarde retornam ao solo, a ele reintegrando-se.

Reino orgânico:

– criado por Deus – obra que não cessa;

---

[20] Em *Agonia das Religiões*, cap. VII.

[21] *O Livro dos Espíritos* de Allan Kardec, questão 21.

– é dotado de Vida: possui princípio vital e um princípio espiritual, instintos (inicialmente) e inteligência, ao humanizar-se;

– extrai do reino inorgânico sua manutenção, durante toda a vida;

– terminado seu ciclo vital, desagrega-se e todos seus elementos constitutivos reincorporam-se ao solo – sua origem.

Em face das considerações acima, cerramos fileiras com aqueles que aceitam que a vida (Princípio Vital), bem como o espírito (Princípio Inteligente) não têm origem nos minerais.

Aceitarmos tal premissa não implica considerá-la verdadeira, nem que possam inexistir outras: é que, para nós, ela reveste-se de maiores possibilidades, não de resolver a questão, mas de aquietar a divagação intelectual.

Nada nos impede supor que os minerais são o grande potencial de que se valem os Engenheiros Siderais para, apropriando-se de porções deles, sob determinadas condições de desagregação, agrupamento e assimilação, formarem o reino orgânico, em processos de fecundação; individualizando tais porções de compostos minerais (embrião) aí situem o Princípio Vital, inicialmente em alma rudimentar, equipada de instintos e de movimentos, que, ao longo da marcha evolutiva, se demora no reino animal; submetido permanentemente à Lei Natural de Progresso, na sucessão dos incontáveis degraus evolutivos, desenvolverá a inteligência, ingressando assim no reino hominal; mais séculos, milênios e incontáveis existências e transitará nas ordens mais elevadas da espiritualidade, com mais amplas percepções de Deus, sentindo-O o Amor Integral, a Inteligência Suprema, a Bondade Infinita.

Esse roteiro, que certamente todos percorreremos, como aliás já estamos percorrendo, representa a volta à origem, eis que por Deus fomos criados "simples e ignorantes", e a Ele retornaremos, simples e humildes, tal como são os Anjos.

Num exemplo simplista, talvez possamos entender a criação do espírito como sendo a maravilhosa escultura que é extraída de um bloco de pedra: esteve a escultura o tempo todo "dentro" da pedra, mas só se liberou e "nasceu" com a vontade e ação do artista sobre ela. Mesmo este exemplo é fraco, pois nele a escultura é parte da pedra e permanece imóvel e sem vida, como sua origem. Quando Michelangelo terminou uma de suas obras-primas – a escultura em mármore de Moisés, teria determinado: "parla" (fale)! Se a escultura tivesse obedecido, teríamos um exemplo melhor...

Porém, só Deus – "o Divino Escultor", no dizer do Espírito Emmanuel – produz a maravilha da criação de um ser; por mais rudimentar que seja, emoldurando a mônada com elementos inorgânicos (minerais), confere-lhe movimento, evolução, Eternidade – enfim, o dom supremo: a Vida!...

Gabriel Delanne alicerça a idéia de que a evolução do princípio inteligente começa no reino orgânico: "Se admitirmos que a força é uma maneira de ser, um aspecto da matéria, não haveria mais do que dois elementos distintos no Universo – matéria e espírito – irredutíveis entre si. O que caracteriza essencialmente o espírito é a consciência, isto é, o eu, da matéria. Desde as primeiras manifestações vitais, o eu evidencia a sua experiência, reagindo, espontaneamente, a uma excitação exterior. No mundo inorgânico tudo é cego, passivo, fatal: jamais se verifica progresso, não há mais que mudanças de estados, as quais em nada modificam a natureza íntima da substância. No ser inteligente há aumento de poder, desenvolvimento de faculdade latente, eclosão do ser, a traduzir-se por exaltação íntima do indivíduo".[22]

---

[22] Em *Evolução Anímica*, cap. VI.

Finalmente, socorre-nos o Espírito André Luiz, ratificando que o princípio espiritual inicia sua jornada evolutiva no reino animal:[23]

"...os organismos mais perfeitos da nossa Casa Planetária procedem inicialmente da ameba; logo depois da forma microscópica da ameba surgem no processo fetal os sinais da era aquática de nossa evolução e, assim por diante, todos os períodos de transição ou estações de progresso que a criatura já transpôs na jornada incessante do aperfeiçoamento, dentro da qual nos encontramos, agora, na condição de humanidade."

Consagramos todo nosso esforço na análise dessa difícil questão – início e elos da vida – com o intuito de lograrmos, ao final, poder afirmar conscientemente, como agora o fazemos: independentemente da origem, homens e animais são irmãos!

Animais em outros mundos

Na *Revue Spirite* (*Revista Espírita*), fundada por Allan Kardec em 1 de Janeiro de 1858 e sob sua direção até 1869, é descrita pormenorizadamente a vida dos habitantes de Júpiter – animais e plantas, inclusive.[24]

Na mesma revista apareceu importantíssima e detalhada matéria, elaborada pelo seu responsável, tratando da pluralidade dos mundos e de suas condições de vida.[25]

Observamos que Kardec, na codificação da Doutrina Espírita, reportou-se a muitos dos assuntos tratados na referida revista; muitos, mas não todos.

---

(23) Em *Missionários da Luz*, de André Luiz, psicografado por Francisco Cândido Xavier, cap. XIII.

(24) Números 4 e 8, de abril e agosto de 1858, respectivamente.

(25) *Revista Espírita* (Ano I) nº 3, março de 1858.

Não incluiu, por exemplo, o assunto em epígrafe.

Parece-nos que também a extensa literatura espírita, até onde nos é dado conhecê-la (e certamente que nosso conhecimento é parcial), não renovou o tema nem nele se deteve, com profundidade.

Sua inclusão aqui, pois, é feita apenas para reportar tão instigante quanto transcendental assunto.

Naturalmente que há vida em outros mundos! Seria difícil, senão impossível, crer que o Supremo Arquiteto houvesse criado os incontáveis corpos celestes que compõem o Universo, dispensando vida apenas a um deles: a Terra.

Eis o que encontramos na *Revista Espírita,*[26] sobre os animais de Júpiter:

– não se despedaçam entre si (não há ferocidade, nem instinto agressivo);

– vivem todos submissos ao homem, amando-se mutuamente;

– todos são úteis;

– são servidores e operários, inclusive construindo casas;

– ligam-se a uma família, em particular;

– sua linguagem é mais precisa que a dos animais terrestres.

Na mesma revista,[27] temos, em síntese:

– os animais de Júpiter são chamados de *animais* porque falta um vocábulo terrestre que situe um espírito em grau intermediário entre o homem e o animal, como são os seres bizarros inferiores daquele planeta;

---

[26] *Revista Espírita*, nº 4, abril de 1858.

[27] *Revista Espírita*, nº 8, agosto de 1858.

– ir para Júpiter é ascensão evolutiva dos animais terrestres, mercê do estudo atento de Espíritos da Natureza, disso encarregados, proporcionando-lhes emigrarem sucessivamente em mundos intermediários, antes de Júpiter;

– cita como é feito tal estudo, dando um exemplo: o devotamento do cão que morre por seu senhor, certamente lhe renderá justo salário além deste mundo;

– famílias agrupam consigo animais que lhes tenham sido devotados em vidas anteriores.

Obs.: na reportagem há descrição sobre a forma, vestes, linguagem, funções, etc., dos animais de Júpiter; abstemo-nos de comentá-la, para evitar digressão e porque tal não traria maiores esclarecimentos ou novos fatos capazes de alterar a síntese supra elaborada.

Animais no "outro mundo"

São incontáveis os livros espíritas que dão conta da existência de animais no mundo espiritual, ao qual se liga o planeta Terra.

Apenas dois exemplos do autor espiritual André Luiz, descrevendo fatos e paisagens do mundo espiritual, extraídos da série de quase três dezenas de livros que foram trazidos até nós, encarnados, pela psicografia de Francisco Cândido Xavier:

1) em *Nosso Lar*, encontramos:

– pág 39: "... germes de perversão da saúde divina que se agregam ao corpo sutil pelo descuido moral..."

– pág 46: "... Aves de plumagens policromas cruzavam os ares..."

"... animais domésticos eram observados entre as árvores frondosas..."[28]

---

(28) Obra de André Luiz, psicografada por Francisco Cândido Xavier, 38ª edição da Federação Espírita Brasileira, 1990.

2) em *Ação e Reação*, temos, à pág. 62: "... Cães enormes que podíamos divisar cá fora, na faixa de claridade bruxuleante, ganiam de estranho modo, sentindo-nos a presença".[29]

Animais: Médiuns?

Estamos diante de nova proposição que divide os espíritas, com opiniões opostas: há mediunidade nos animais?

Com efeito, na vasta literatura espírita pós-Kardec, quase todos os autores concordam com os postulados por ele codificados; contudo, mesmo nessa maioria, muitos pontos existem em que há necessidade de grandes esforços de análise, ponderação e entendimento para que seja alcançado um denominador comum.

O assunto em epígrafe é um tema que embora tratado detalhadamente pelo mestre lionês até hoje divide interpretações, repartindo opiniões.

Consideramos necessário discutir tal questão, pois não poderíamos excluí-la deste nosso estudo sobre os animais.

Nosso intuito é a discussão sadia, feita com propósito respeitoso e sincero, na busca de uma possível iluminação, de início, para nós próprios.

Vejamos como o assunto vem sendo tratado, de Kardec aos nossos dias:

a. Erasto (Espírito), buscando esclarecer o assunto, tratado em uma reunião na Sociedade Parisiense de Estudos Espíritas, afirmou categoricamente não ser possível aos animais serem médiuns.

---

(29) Também de André Luiz, psicografada por Francisco Cândido Xavier.

Utilizando-se de um médium, disse (em resumo):[30]

. médium é o indivíduo que serve de traço de união aos Espíritos para que estes possam se comunicar com facilidade com os homens – Espíritos encarnados;

. médium e Espírito comunicante são semelhantes; seus perispíritos são hauridos no mesmo meio;

. animal e homem diferem, pois só este possui a perfectibilidade: animais não estão submetidos à mesma lei divina do progresso – tais como foram criados ficaram e ficarão, até a extinção de suas raças;

Espíritos podem se tornar visíveis e tangíveis para os animais (geralmente são espíritos mal-intencionados que com isso buscam prejudicar os donos desses animais); sempre haverá o concurso de um Espírito encarnado, médium, em tais casos;

. animais têm alguns sentimentos, certas paixões, semelhantes às humanas;

. os Espíritos utilizam elementos do cérebro do médium para se expressar e nos animais não há tais elementos (inteligência, vocábulos, letras, etc.).

b. *O Livro dos Espíritos*

– Questão 601: Os animais seguem uma lei progressiva, como os homens;

– Questão 602: Os animais progridem pela força das coisas; para eles não há expiação;

– Questão 605a: A alma do animal e a do homem são distintas entre si, de tal maneira que a de um não pode animar o corpo criado para o outro.

---

[30] Em *O Livro dos Médiuns*, de Allan Kardec, cap. XXII – Da mediunidade entre os animais.

Obs.: – Em nossos estudos, de início, entre as duas obras, pareceu-nos existir uma dicotomia, quanto à lei de progresso. Jamais ousaríamos sequer pensar em corrigir uma ou outra, pois, em se tratando da Codificação, tal seria leviandade; posto que a prudência o recomenda e leciona, julgamos ter havido falha humana, ou no suceder das traduções (francês-português), ou na filtragem mediúnica, ou em alguma outra etapa intermediária entre o fluir das idéias, na origem, e a sua impressão no papel.

Foi quando aprendemos valiosa lição, que repassamos a eventual leitor que ainda a desconheça: consultar outras edições, pois, conforme a tradução do original, podem ocorrer discrepâncias. Com efeito, o exemplar de ***O Livro dos Médiuns*** *no qual então nos apoiávamos não trazia quaisquer comentários do texto; felizmente, "por coincidência", caiu-nos às mãos a edição da LAKE – Livraria Allan Kardec Editora, da Segunda Edição Francesa – revista e corrigida com a ajuda dos Espíritos e acrescida de numerosas instruções novas, dadas na época a Allan Kardec, tradução essa feita pelo eminente espírita J. Herculano Pires (1914-1979). Ali encontramos, relativamente ao progresso dos animais:*

– "O texto deve ser compreendido em função do assunto, não se tirando ilações contrárias aos princípios fundamentais da Doutrina, o que seria absurdo. O Espiritismo ensina que tudo evolui no Universo, desde a matéria bruta até os Espíritos superiores. Os animais também evoluem, mas sua evolução é forçada e lenta, produzida por influências exteriores, enquanto a humana é determinada de dentro, pela consciência do Espírito já esclarecido do homem. O Espírito comunicante serviu-se das condições de aparente estabilidade da vida terrena para ilustrar o seu ensino. Trata-se apenas de um recurso

didático, aliás bem aplicado, e que deve ser entendido como tal (N. do T.)".

Assim, para nós, mais uma vez ficou confirmada a irretocabilidade da Codificação Kardecista!

c. *O Consolador* – Questão 391

Emmanuel (Espírito), consigna: "os irracionais não possuem faculdades mediúnicas propriamente ditas. Contudo, têm percepções psíquicas embrionárias, condizentes ao seu estado evolutivo, através das quais podem indiciar as entidades deliberadamente perturbadoras, com fins inferiores, para estabelecer a perplexidade naqueles que os acompanham, em determinadas circunstâncias".

d. *Mediunidade e Evolução*

O autor **Martins Peralva**, abordando o assunto, lembra que "os Amigos Espirituais definem a mediunidade como percepção; há de se admitir, porque insofismáveis, as suas (dos animais) fortes percepções, seja na vidência, audiência ou pressentimentos; percepções que, se quisermos ser prudentes, diremos espirituais, ou mediúnicas, se quisermos ser um pouco mais corajosos" – conclui.

e. *A Evolução Anímica* – (na Introdução)

O autor **Gabriel Delanne** assevera: "É mediante uma evolução ininterrupta, a partir das formas de vida mais rudimentares, até a condição humana, que o princípio pensante conquista, lentamente, a sua individualidade. Chegado a este estágio, cumpre-lhe fazer eclodir a sua espiritualidade, dominando os instintos remanescentes da sua passagem pelas formas inferiores, a fim de elevar-se, na série das transformações, para destinos sempre mais altos".

Na mesma obra, agora no Cap. II: "a alma animal é da mesma natureza que a humana, apenas diferenciada no desenvolvimento gradativo".

f. *A Alma é Imortal* – Cap. V

Ainda Delanne, no item "Impressões produzidas pelas aparições sobre os animais", mostra, citando exemplos, a irrefutável percepção de espíritos que têm os animais.

g. *Gênese da Alma* – item "Evolução do Espírito"

O autor **Cairbar Schutel** (1868-1938) define:

. inteligência: é a faculdade de entender, de compreender, de conhecer;

. instinto: é o impulso ou estímulo interior e involuntário que leva os homens e os animais a executarem atos inconscientes;

. raciocínio: é a operação pela qual chegamos a uma conclusão ajuizada;

. memória: é a faculdade de conservar a lembrança do passado ou de alguma coisa ausente.

Cairbar consigna que todos os quatro atributos do Espírito humano, acima descritos, são encontrados também nos animais, embora menos desenvolvidos. Diz também que a alma do animal é imortal e perfectível, vindo a ingressar no reino hominal, após percorrida a escala evolutiva zoológica.

h. *Mediunidade* – Questão "Mediunidade entre os animais"

O autor **Edgard Armond** (1894-1982) opina que "são inúmeras as formas de mediunidade entre os animais (sobretudo entre as espécies mais adiantadas – aquelas que mais de perto convivem com o homem)"; para ele "as mediunidades mais observadas nos animais são as pertencentes ao campo da vidência".

i. *Devassando o Invisível*

Yvonne A. Pereira (1900-1984), discorrendo sobre a psicometria (faculdade mediúnica de descrever acontecimentos em torno de uma criatura, em contato direto com um objeto a ela pertencente), narra suas impressões, em desprendimento parcial, quando ainda encarnada, como Espírito, "visitou" animais como o boi, o cavalo, o cão e o gato. São suas palavras:

"verificamos que o fluido magnético, o elemento etéreo em que se acham eles (os animais) mergulhados, como seres vivos que são, são os mesmos que penetram os homens, onde estes se agitam. Daí essa correspondência vibratória, que faz o ser espiritual do homem compreender o ser do animal, senti-lo, assim como aos demais reinos da Natureza... pois será bom não esquecer que somos essência de Deus e, como tal, possuiremos, todos, essa capacidade, para aplicação da qual apenas nos será necessário certo desenvolvimento vibratório, ou psíquico. Ora, aqueles animais, por nós **sentidos** e **compreendidos** no estado de semidesprendimento espiritual, se afiguraram ao nosso entendimento e à nossa razão quase como seres humanos, sentindo nós, por eles, viva ternura e até profunda compaixão. Um deles, o boi, chegou mesmo a ver o nosso fantasma, pois se assustou quando nos achegamos a ele e lhe acariciamos a enorme cabeça. Nossos mestres hindus, que têm predileção pelos estudos da Natureza e pelas pesquisas sobre a evolução da alma, levam-nos, às vezes, a visitar matadouros de gado. E o sofrimento que aí contemplamos envolvendo os pobres animais, as impressões dolorosas de surpresa, de terror e de angústia que eles sofrem, e que se infiltram pelos meandros da nossa própria alma, não seriam maiores nem mais penosas, talvez, se se tratasse de simples seres humanos. Quanto a outros animais, aos vegetais e à matéria inanimada, nada adiantaremos, uma vez que não temos lembrança de os ter 'visitado'. Mas, a impressão que guardamos das quatro espécies citadas foi profunda e enternecedora, como de semelhantes nossos."

j. *Conduta Espírita* – cap. 33 – "Perante os animais"

André Luiz, Espírito, recomenda:

"No socorro aos animais doentes, usar os recursos terapêuticos possíveis, sem desprezar mesmo aqueles de natureza mediúnica que aplique a seu favor. A luz do bem deve fulgir em todos os planos."

l. *Os animais têm alma?*

Ernesto Bozzano (1861-1943), o autor, nesta importante obra, narra 130 (cento e trinta) casos de manifestações de assombração, aparições e fenômenos supranormais com animais. Discorre sobre várias classes de fenômenos metapsíquicos, concluindo que "somos forçados a admitir a existência de uma subconsciência animal, depositária das mesmas faculdades supranormais que existem na subconsciência humana".

m. *O Passe* – cap.: "Passes em plantas e animais"

Jacob L. Mello, distingue "magnetismo" de "passe espírita", concluindo que às plantas e aos animais somente o magnetismo puramente físico (veiculado através do passe magnético) pode ser transmitido.

Citando Kardec e outras grandes personagens estudadas na obra, opina:

– magnetismo = animismo humano;

– passe espírita = de perispírito a perispírito, pelo que, no caso dos animais, seu envoltório fluídico não suportaria os fluidos espirituais de "essência superior".

Obs.: Outro desencontro aparente entre o item acima e os dois itens anteriores a eles – os itens -i- e -j-:

– Yvonne Pereira verificou a correspondência vibratória de homens e animais, face o fluido magnético – o elemento etéreo – que a ambos penetra;

– André Luiz recomenda socorrer os animais doentes com recursos terapêuticos e os de natureza mediúnica;

– Jacob Mello apóia-se justamente em Erasto (item -a- do presente capítulo) para concluir que o passe espírita fulminaria o animal doente.

Ainda uma vez seria prematuro radicalizar a questão, sendo plano que constitui atitude cristã socorrer plantas, animais ou criaturas humanas, quando necessitados, com os recursos possíveis – materiais e espirituais.

Não incorrendo em omissão, temos a confessar que bastas vezes temos dispensado passes a animais doentes e graças a Deus nenhum deles veio por isso a falecer fulminado. Nessas ocasiões, nosso espírito implora aos Espíritos Protetores a cura da doença e quando isso ocorre não saberíamos, sinceramente, afirmar se foi apenas por nosso animismo (em 99,99% dos casos, achamos que não: o mérito é deles!).

Socorreu-nos mais uma vez o Prof. Herculano Pires, dirimindo nossa dúvida quanto ao processo espiritual e os efeitos dos passes nos animais, em sua obra *Mediunidade – Vida e Comunicação,* no cap. "Mediunidade Zoológica", onde encontramos:

"Em nossos dias, contrabalançando a estultícia da pretensa mediunidade zoológica, começa a alvorecer no campo mediúnico um tipo de mediunidade para o qual apenas alguns espíritas se voltam esperançosos. O Prof. Humberto Mariotti, filósofo espírita argentino já bastante conhecido no Brasil por suas obras e suas conferências, é um zoófilo apaixonado. Em sua última viagem a São Paulo trocamos idéias e informações a respeito do que podemos chamar de Mediunidade Veterinária. Não podemos elevar os animais à condição superior de médiuns, mas podemos conceder-lhes os benefícios da mediunidade. Mariotti possuía, como possuímos, episódios tocantes de sua vivência pessoal nesse terreno. A assistência mediúnica aos animais é possível e grandemente proveitosa. O animal doente pode ser socorrido por passes e preces e até mesmo com os recursos da água fluidificada. Os médiuns veterinários, médiuns que se especializassem no tratamento de animais, ajudariam a Humanidade a livrar-se das pesadas conseqüências de sua voracidade carnívora. Kardec se refere, no *Livro dos Médiuns*, à tentativas de magnetizadores, na França, de magnetizar animais e desaconselha essa prática em vista dos motivos contra a mediunidade animal. Entende mesmo que a transmissão de fluidos vitais humanos para o animal é perigosa, em virtude do grande desnível evolutivo entre as duas espécies. Mas na Mediunidade Veterinária a situação se modifica. O reino animal é protegido e orientado por espíritos humanos que foram zoófilos na Terra, segundo numerosas informações mediúnicas. O médium veterinário, como o médium humano, não transmite os seus fluidos no passe por sua própria conta, mas servindo de meio de transmissão aos espíritos protetores. A situação mediúnica é assim muito diferente da situação magnética ou hipnótica. Ao socorrer o animal doente, o médium dirige a sua prece aos planos superiores, suplicando assistência dos espíritos protetores do reino animal e pondo-se à disposição destes. Aplica o passe com o pensamento voltado para Deus ou para Jesus, o Criador e o responsável pela vida animal na Terra. Flui a água da mesma maneira, confiante na assistência divina. Não se trata de uma teoria ou técnica inventada por nós, mas naturalmente nascida do amor dos zoófilos e já contando com numerosas experiências no meio espírita."

A seguir, o autor narra comoventes episódios de socorro humano mediúnico-veterinário a animais gravemente enfermos ou desenganados, que com isso se recuperaram.

Apenas como elucubração: correlata à "mediunidade-veterinária", aludida pelo Prof. Herculano Pires, existirá ou poderá ser desenvolvida a "mediunidade-agronômica", para assistir plantas, especificamente?

Pois, quando jardineiros ou donas-de-casa "conversam" com suas plantas, ou, se elas necessitam, amorosamente prestam-lhe socorro espiritual, não haveria igualmente intervenção de Protetores Espirituais dedicados à agricultura?

Convém anotar a questão número 66 de *O Livro dos Espíritos*:

P: – O princípio vital é o mesmo para todos os seres orgânicos?

R: – Sim, modificado segundo as espécies.

Perguntamos: Quem modifica o princípio vital?

Em ambos os casos (vegetais e animais), julgamos possível que a "doação socorrista" mediúnica humana seja submetida, por Protetores Espirituais especializados, a processos de compatibilização fluídica, para a devida assimilação do necessitado – vegetal ou animal.

n. *Iniciação – Viagem Astral* – Cap. "A dor é um anjo"

Lancellin, o autor espiritual, ouve do Mentor **Miramez** a impressionante informação de como os animais, por sua vez, ajudam espiritualmente aos homens. Miramez clareia tão importante matéria, informando, dentre outras assertivas:

. espíritos trabalhadores da Natureza colhem o magnetismo animal que se irradia em torno de rebanhos (gado bovino), para ser aplicado onde houver necessidade;

. há nesses rebanhos grande quantidade de energia e por isso determinados tipos de espíritos (infelizes) tentam se aproximar dos animais para sugar esse tesouro da natureza;

. espíritos de índios e seus guias espirituais são guardiães dessa preciosidade espiritual, dedicando proteção, afagos e amizade aos animais "e até beijando-os";

. referindo-se ao boi: "o animal é como que um laboratório respeitável, que transforma o hálito divino em magnetismo animal, ou, para melhor entender, o éter cósmico em éter físico dos mais pesados. Isso, com uma rapidez incrível. São nossos colaboradores no terreno da cura, na área em que foram chamados a servir".

A seguir os fluidos colhidos no convívio com os animais e no silêncio da natureza foram empregados, de forma especial, no atendimento a um senhor que tinha terríveis feridas nos pés, pulmões quase fechados, coração parecendo bomba estragada e fígado começando a endurecer. Esse homem, que matava reses no matadouro, fazia-o com prazer, sem piedade. Comentou Lancellin: "Isso é o amor do Pai operando maravilhas: esse homem, matador de animais, recebeu dos próprios animais o remédio para a sua cura".

Na seqüência, o espírito desse homem, semidesprendido, conversa com os protetores espirituais, arrependendo-se sinceramente da sua violência com os animais. Continuaria encarnado por muito tempo ainda, só que com a companhia da **dor**, de forma a resgatar seus pesados débitos.

Nota: Ainda nessa questão de ajuda espiritual dos animais a criaturas humanas, a Folha de S. Paulo de 12 de Julho de 1992 publicou que crianças autistas e psicóticas de São Paulo estão sendo ajudadas por um ganso que reside no Parque Chico Mendes. A ave foi utilizada nas atividades com o grupo de crianças, gerando resultados surpreendentes: ajuda na fala, interação, percepção de um novo potencial de comunicação e mudança de comportamento agressivo.

Entre os casos bem-sucedidos há o de um menino que evoluiu na dicção e diminuiu seu comportamento agressivo.

E agora?

Animais são ou não médiuns?

Os leitores já terão, por certo, firmado ou formado opinião, *pró*, *contra*, *intermediária* ou *de neutralidade*, sobre tão extranatural proposição.

Nós também...

Ouvidas tantas vozes, dos dois planos (material e espiritual), todas respeitáveis e extremamente responsáveis, mais uma vez ficamos com Kardec e os Espíritos que o arrimaram na Codificação: animais não podem ser médiuns, pois mediunidade é intermediação de espírito a espírito, aí consideradas todas as nuances dos sentimentos, da afetividade, da inteligência e principalmente do livre-arbítrio, onde a vontade, sob comando da consciência, dirige o pensamento e as ações para os planos superiores e transcendentais da Vida – condições essas que, dentre os seres vivos, só o homem possui.

Possuem os animais, na verdade, percepções extranormais, permitindo-lhes perceber presenças espirituais, geralmente inferiores.

Possuem, também, faculdades físicas superiores às humanas, tais como a visão, audição, olfato, senso de direção, e outras, certamente destinadas às suas necessidades de sobrevivência.

Inegável, ainda, que os animais, relativamente aos homens:

– possuem características físicas muito semelhantes;

– possuem instintos mais apurados;

– possuem inteligência, raciocínio e memória, bastante incipientes;

– possuem alma, rudimentar (fluido cósmico em estado diferenciado da alma humana);

– seu envoltório fluídico é individualizado, mas, após a desencarnação, são classificados por espécie e assim mantidos agrupados;

– Espíritos especializados são os responsáveis por essa classificação e pela manutenção desses agrupamentos;

– estão também submetidos à Lei Divina de Progresso (Evolução);

– progredindo, serão homens, amanhã...

Tais semelhanças, contudo, segundo Dellane, em *A Evolução Anímica*, "demonstram, à evidência, o grande plano unitário da Natureza, quanto aos seres vivos, do nascimento à morte. Sua divisa é: unidade na diversidade, de sorte que do emprego dos mesmos processos fundamentais resulta uma variação infinita, que estabelece a fecundidade inesgotável das suas concepções, de par com a *unidade da vida*".

Quando tratamos das coisas de Deus não cabem posições inflexíveis ou definitivas, e a Vida, em toda sua plenitude e pujança, é um dos atributos divinos dispensados à criatura. Sabemos nós, os espíritas, que a mediunidade é um acessório poderoso para a evolução espiritual, agindo mais, na Terra, no campo das provações do que no das missões.

É por intermédio dela, mediunidade, que os Instrutores Espirituais fazem chegar aos encarnados as luzes que combatem as trevas que amiúde nosso comportamento racional infeliz produz.

Em processo inigualável de ajuda, é ainda pela mediunidade que o espírito já sem corpo físico é trazido às humildes reuniões espíritas, ali beneficiando-se não só de revitalização para seu perispírito como também apoio moral evangélico. São do Espírito André Luiz, na obra *Desobsessão*, cap. 64, as seguintes palavras, referindo-se às reuniões mediúnicas de desobsessão: "nenhum pesquisador encarnado na Terra está em condições de avaliar os benefícios resultantes da desobsessão quando está sendo corretamente praticada".

Ninguém de senso poderia imaginar ou aceitar que animais desencarnados viessem às sessões mediúnicas, para qualquer fim. Tal fato, por si, racionaliza a questão, evidenciando a impossibilidade da mediunidade em animais.

Mediunidade, em essência, é forma de comunicação/percepção entre o plano espiritual e o plano físico, só podendo ocorrer de forma inteligente e racional, em patamares espirituais semelhantes, isto é, entre espíritos humanos.

Contudo, nada objeta aceitar que os Espíritos, eliminando as diferenças de densidade fluídica, possam se deixar perceber aos animais e assim com eles se comunicar, de alguma forma. Normalmente, para prejudicar o dono ou a outrem.

Pode ser até que o humano, inconscientemente e sem nada ver, "empreste" fluidos a esse espírito, para consecução disso.

Se, por exemplo, cães ouvem sons imperceptíveis ao homem, o que objetaria que igualmente vejam espíritos, numa densidade invisível para nós?

No primeiro caso, nem por isso podem ser considerados "médiuns audientes", como, no segundo, "médiuns videntes".

A afirmação de que sem a presença de um médium não poderiam ocorrer tais fatos carece de cuidados: quantos fenômenos mediúnicos ocorrem independentemente de médiuns que, à distância, às vezes até de forma inconsciente, emprestam sua colaboração fluídica?

Nunca será demais analisarmos que, no episódio bíblico da jumenta de Balaão (Números, 22:21-35) se evidenciou o fenômeno mediúnico de *voz direta* (pois não é crível que animais falem), seguido de outro, de *materialização* (do Anjo, com espada na mão, que com ele conversou).

No mínimo, seria grave ofensa à razão alguém aceitar que um Espírito pudesse usar mediunicamente um animal para transmitir uma mensagem oral, um passe, uma psicografia, ou pintura rubricada por artista de renome, desencarnado.

Evidente que os animais têm rudimentares potencialidades sensoriais, mas considerando as diferenças morais e intelectuais existentes entre nós e eles, não seria mesmo possível que fossem médiuns.

Alimentação animal

Entre espíritas, alguns há que rechaçam a alimentação animal, considerando-a prejudicial aos que se dedicam a atividades mediúnicas.

Temos aqui novo ponto de conflito de idéias, o qual pode desaparecer, após analisadas várias situações.

Allan Kardec, em *O Livro dos Espíritos*, demonstrando preocupação com esse problema, perguntou aos Espíritos:

– Questão 722: A abstenção de certos alimentos, prescrita entre diversos povos, funda-se na razão?

R – Tudo aquilo de que o homem se possa alimentar, sem prejuízo para a sua saúde, é permitido. Mas os legisladores puderam interditar alguns alimentos com uma finalidade útil. E para dar maior crédito às suas leis apresentaram-nas como provindas de Deus.

– Questão 723: A alimentação animal, para o homem, é contrária à lei natural?

R – "Na vossa constituição física, a carne nutre a carne, pois do contrário o homem perece. A lei de conservação impõe ao homem o dever de conservar as suas energias e a sua saúde, para poder cumprir a lei do trabalho. Ele deve alimentar-se, portanto, segundo o exige a sua organização."

Sem deixar dúvidas informam-nos os Espíritos Superiores que a carne, em si, não é um erro, tendo em vista "nossa constituição física". As questões 732, 733 e 734, ainda de *O Livro dos Espíritos*, consignam que "no estado atual" (século XIX) o homem tem regulado o direito de destruir (matar) os animais, para alimentar-se.

Precisamos considerar, porém, que, da Codificação até nós, mais de século transcorreu.

A Ciência já analisou detidamente os vários tipos de carne-alimento e descobriu que vários elementos que a compõem são contra-indicados para a saúde humana.

Além disso, a literatura espírita posterior à Codificação do Espiritismo, fiel a ela, nem por isso deixa de tratar do assunto, com sérias advertências.

Os milhões de animais que são mortos, quase sempre de forma brutal, fornecem energias protéicas ao homem, mas esse mesmo homem resgata essa crueldade nos campos de batalha, na matança repulsiva das guerras intermináveis.

Tal perdurará até que a humanidade transforme seus hábitos alimentares e suas estruturas sociais, empregando recursos materiais não em arsenais bélicos, mas nas lavouras, eliminando de vez o fabrico de armas, os matadouros e a alimentação carnívora.

No caso dos médiuns, o que deve ser considerado e respeitado é o efeito negativo que a carne produz no corpo e, por reverberação fluídica, no espírito.

Tal afirmação ficará melhor compreendida, ouvidas, em resumo, as palavras do Espírito Lancellin:[31]

"Ao serem mortos os animais (no caso, bois) têm o fluido do plasma sanguíneo sugado por espíritos-vampiros,

---

[31] Em *Iniciação – Viagem Astral*, cap. "Valores Imortais", psicografado por João Nunes Maia.

com habilidade espetacular. Tais vampiros fazem fila, um líder à frente, para sorver tal energia. Com o magnetismo inferior dos animais fortalecem seus baixos instintos, retribuindo fluidos pesados em infeliz reciprocidade; assim, carne e ossos do animal ficam impregnados dessa fluidificação negativa, a qual será transmitida aos homens que deles se alimentarem."

Conclui, alertando:

"Os espíritas se livram desse magnetismo inferior com os recursos dos passes, da água fluidificada e, por vezes, de prolongadas leituras espirituais; os evangélicos e também alguns católicos se libertam dele nos ambientes das igrejas, mas sempre fica alguma coisa para se transformar em doenças perigosas."

Valemo-nos, sobre o assunto, da palavra do eminente Prof. Carlos Torres Pastorino:[32]

"c – Sistema Glandular

A epífise (glândula pineal), a cada passo evolutivo na escala zoológica, vai se fixando e se desenvolvendo no animal. Seu funcionamento ainda é desconhecido pela ciência médica, que apenas lhe empresta a tarefa de 'travar' a evolução dos órgãos sexuais, desconhecendo qualquer hormônio por ela produzido. Na pineal está a válvula transmissora-receptora de vibrações do corpo astral, sendo que na vidência astral é também utilizada pelos animais (cães, cavalos, etc.);

A hipófise (ou 'pituitária') tem grande complexidade de produção hormonal e é uma das glândulas-chave da criatura humana, em sua ligação com o mundo astral mais denso;

d – Sentidos e outros temas

DNA: a produção hormonal pode influir na modificação do DNA (ácido desoxirribonucléico), por atos e pensamentos

---

[32] Em *Técnicas da Mediunidade*, conf. autor supra citado, cap. III, "Biologia", itens c e d, respectivamente.

harmoniosos ou, em contraposição, atos e pensamentos de raiva, ódio."

Pelo exposto, talvez não seja descabido conjeturarmos uma outra conotação espiritual, relativa à ingestão de carne: sabendo-se que o boi, em particular, tem as glândulas hipófise e epífise, sendo a primeira produtora de hormônios e a segunda reguladora da atividade sexual, infere-se que:

– ao morrer, violentamente (nos matadouros), a terrível comoção do animal produzirá e liberará instantaneamente fluidos negativos concentrados, não por "pensamentos de raiva, ódio" (que os animais não pensam), mas sim pelo trauma da morte prematura, fato que injuria sobremaneira seu instinto de conservação;

– tais fluidos, concentrados, se integrarão aos despojos do animal, contaminando-os de matéria espiritual infeliz;

– o indivíduo que ingerir tais despojos, negativamente energizados, terá prejudicada a qualidade dos seus próprios fluidos, isso até que seja eliminada a causa, imaginando-se que tal possa ocorrer como descrito por Lancellin, ou demorar horas e até dias.

A título de sugestão aos médiuns, seria prudente que nos dias de reuniões mediúnicas (supondo que à noite), se abstivessem de alimentação animal, ou que, no mínimo, seja ingerida apenas no almoço e assim mesmo moderadamente.

Em 1971, quando conhecemos Chico Xavier, contou-nos que de longe em longe, ao término de alguma prolongada atividade mediúnica, sentia necessidade de um "bom bife", que ele ingeria, para acalmar a vontade.

A Lei Natural do Progresso é uma constante que, no futuro, erradicará dos costumes humanos a alimentação de carne, tendo em vista que ela só é conseguida tirando a vida do animal, o que demonstra ainda nosso atraso espiritual (cenas de animais sendo mortos em matadouros não são de fácil contemplação: pessoas sensíveis não as suportam – desmaiam).

Assim, podemos ter certeza da abstenção de carne quando, ao evoluir, o espírito terá, pelo Amor, aprimorado seu revestimento perispiritual que, por sua vez, modificará o envoltório carnal – nosso corpo físico. Quando isso ocorrer, a carne já não mais será indispensável, como ainda o é atualmente.

ANIMAIS: ESPÉCIES EXTINTAS

Desde o início da Vida no planeta Terra, muitas são as espécies animais que foram extintas por vários motivos.

Atualmente, quando se mencionam "espécies em extinção", afloram as várias atividades humanas que as provocaram, ou estão provocando.

Dentre essas ações, as principais sejam talvez:

– a caça predatória de animais de grande porte (elefantes, rinocerontes, tigres, gorilas, baleias) e também de outros animais menores (cervos, jacarés, lontras, raposas, doninhas, filhotes de foca, mico-leão, etc.);

Todos esses animais, de uma forma ou de outra, rendem expressivos lucros:

. marfim – rinocerontes;

. chifres (supostamente afrodisíacos) – rinocerontes;

. couro – jacarés (principalmente os "papo-amarelo", no Pantanal do Estado do Mato Grosso);

. pele – tigres asiáticos, lontras, focas, raposas, doninhas;

. troféus – gorilas e cervos;

. mico-leão – para enjaulamento ou para ser mantido preso, em residências;

– a descuidada aplicação dos chamados defensivos agrícolas – os agrotóxicos –, desestabilizando completamente o ecossistema, já que eliminando pragas eliminam também outros insetos e seus predadores naturais, muitos deles por ausência do seu alimento;

– as grandes tragédias provocadas também pela incúria humana (incêndios florestais e derramamento de petróleo cru nos mares);

– o intenso desmatamento de grandes áreas, fator de cruel desalojamento dos "habitats" de incontáveis espécies até então ali naturalmente mantidas e que dificilmente encontrarão novos locais para viver em equilíbrio.

Além das razões acima, existe outra, de ordem natural: migração planetária!

Como exemplo de migração natural, lembramos o já citado caso dos dinossauros e outros avantajados animais que desapareceram da face da Terra há 65 milhões de anos, segundo estudos arqueológicos.

Cumpre destacar que não há comprovação de "como" esses animais desapareceram, havendo hipóteses referentes ao choque de um gigantesco meteoro com o planeta, levantando espessas nuvens de poeira que impediram a fotossíntese por longo período. Como alguns desses animais eram herbívoros e outros carnívoros, uns e outros ficaram sem alimento, os primeiros pela completa rarefação de vegetais e os segundos, que, por sua vez, também se alimentavam de plantas ou de caça, pela ausência de presas.

Tais hipóteses "congregam" os dinossauros em área específica – a que teria sido atingida pela provável colisão meteórica – já que, se *todo* o planeta ficasse imerso em uma nuvem que barrasse os raios solares, igualmente *toda* a vida desapareceria, o que não ocorreu.

– Desapareceram da Terra, mas... não teriam essas espécies renascido em outros mundos?

– E todas as demais espécies extintas, de forma natural ou provocada, não estariam também sendo remanejadas para outros planetas?

Lemos[1] que a alma do homem, na sua origem (ainda animal), cumpre essa primeira fase (no despontamento da

[1] Em *O Livro dos Espíritos*, de Allan Kardec, questões 607, 607a e 607b.

inteligência), numa série de existências que precedem o período chamado de "Humanidade"; e que, esse mesmo período, nem sempre começa na Terra – em geral, começa nos mundos ainda mais inferiores.

Do exposto, podemos inferir que no caso da extinção das espécies animais, quando de forma natural, representa maior conforto à vida humana, proporcionada pelo Supremo Criador.

Já no caso da extinção provocada pelo homem, necessariamente ele está atraindo sérios problemas para si, eis que a Natureza age segundo Lei Natural de Ação e Reação, devolvendo sempre o que se lhe faz ou lhe é dado...

E isso, de forma alguma, não representa vingança: constitui valioso ensinamento de como deve a criatura proceder, isto é, induz o homem ao reto proceder, em todas as suas atitudes, para que também seja reto seu caminho, em direção à evolução espiritual.

– Será que o fato de desaparecerem do planeta várias espécies animais, isso poderia, de alguma forma, sinalizar o advento de uma nova era, de um novo mundo, agora regenerador, deixando de ser de "provas e expiações"?

Se positiva a resposta, temos que:

– relativamente às espécies extintas, os responsáveis por tal extinção, muito provavelmente, estarão entre os "candidatos naturais" que serão transferidos para mundos em estágio inferior ao da Terra, para onde, aliás, eles próprios remeteram aqueles animais.

Assim, com eles terão que voltar a conviver.

Nesse reencontro, racional e irracional progredirão, pois, compartilhando hostilidades ambientais, serão induzidos, para não dizermos obrigados, a se apoiarem mutuamente. O homem, então, acabará por desenvolver amor aos animais, cuja recíproca também ali poderá ter seu embrião.

Tal é a Lei Natural do Progresso!

HOLOCAUSTOS

Imolação de animais

Sacrificar animais, sob a égide de "pacificar deuses", ou a título de "agradar divindades", ou, ainda, como forma de "pagamento de favores" concedidos por entidades espirituais, não os livra da dor e da morte.

Tais objetivos não justificam os holocaustos, pelo simples fato de que os animais simplesmente nada têm a ver com isso.

Imaginem a recíproca...

Velho Testamento

Em *Gênesis* (22:1 a 13), consta que Deus provou Abraão, solicitando que Isaque, filho único, fosse ofertado em holocausto. Abraão atendeu e no momento exato de sacrificar Isaque foi impedido pelo Senhor, tendo um carneiro substituído seu filho.

Podemos supor que a partir daí os sacrifícios humanos teriam sido dispensados, mas não os de animais.

Em *Êxodo* (20:24), há a "Lei dos Altares para os Holocaustos".

No terceiro livro de Moisés, chamado *Levítico*, nos caps. 1, 3 a 9, encontramos instruções detalhadas de como os hebreus deveriam realizar os holocaustos e os sacrifícios pacíficos; há a proibição de comer a gordura e o sangue dos animais (7:26-27).

As instruções desse livro de Moisés preconizam a imolação de animais, "sem defeito", nos locais designados – altares de sacrifícios – diante da porta da tenda da congregação.

O Levítico descreve vários tipos de pecados humanos e de ofertas pacíficas, e, em conseqüência, qual o animal que deverá ser sacrificado, instruindo: onde, quando, como e por qual autoridade religiosa.

Analisando respeitosamente o conteúdo das leis mosaicas, somos levados a acreditar que somente o explica o pequeno adiantamento moral da humanidade de quase cinco mil anos atrás. Provavelmente, Moisés não poderia operar mudanças radicais junto aos hebreus, por isso disciplinou muitos dos costumes religiosos arraigados no pensamento de seu povo. Por exemplo: as ofertas feitas em público, obrigatórias aos pecadores, constituíam uma exposição do pecado, o que deve ter incomodado muita gente...

Mas nem naqueles longínquos tempos quanto nos atuais há consistência nem bases lógicas capazes de justificar a troca da vida de animais por favores celestiais ou remissão de pecados.

Candomblé

Em algumas cerimônias, geralmente de homenagem a determinado orixá (divindade), matam-se animais – cabrito, galinha – sendo algumas de suas partes preparadas e oferecidas no "assentamento" do orixá.

Em outras cerimônias, no processo de "iniciação", a pessoa tem a cabeça lavada com sangue de animal de duas patas.

Obs.: Os "despachos" (velas, charutos, cachaça, galinha preta, etc.) colocados em encruzilhadas, geralmente à meia-noite das sextas-feiras, constituem oferta a divindades em troca de algum favor, ou como agradecimento pelo recebimento de alguma graça.

Nem sempre quem faz tais despachos é da linha religiosa do Candomblé ou da Umbanda; podem ser pessoas que assim agem, episodicamente, buscando o bem para si ou o mal para outrem.

Aliás, cumpre destacar que na Umbanda não há sacrifício de animais, sendo favorecidos os banhos de ervas e orações.

Atualidade

Inaceitáveis, em pleno século XX, limiar do XXI, os sacrifícios religiosos de animais nada mais representam do que o reflexo da pouca evolução espiritual daqueles que o praticam.

Holocaustos ainda são praticados até mesmo em países do chamado "Primeiro Mundo", demonstrando que tanto desenvolvimento material quanto intelectual de forma alguma representam evolução moral ou espiritual.

Com efeito, em Junho de 1993 o Tribunal Supremo dos Estados Unidos (Corte Suprema) determinou, por unanimidade (9 a 0), que a Constituição permita o sacrifício de animais em cerimônias religiosas.

Um dos juízes, falando em nome da Corte, afirmou que "As leis que proibiam o sacrifício de animais foram aprovadas por funcionários que não compreenderam a questão e optaram por ignorar que a proibição violava o compromisso essencial da nação com a liberdade religiosa".

Os grupos nos quais animais são sacrificados (a Igreja Lukumi Babalu, por exemplo) são adeptos de ritos religiosos africanos. O sacrifício de animais – galinhas, patos, cabras e ovelhas – faz parte de cerimônias de nascimento, casamento e morte, além da iniciação de novos sacerdotes.

A maior parte dos animais sacrificados são comidos pelos fiéis.[1]

---

[1] No Jornal *A Cidade*, Ribeirão Preto, SP, 12 de Junho de 1993.

Felizmente, rareiam no mundo todo os holocaustos de animais.

A revista *Veja* de 17 de Março de 1993 noticia que um padre brasileiro foi condenado pela justiça portuguesa, por agressão sexual a um jovem, seguida de assassinato; tal sacerdote, segundo depoimento de seus paroquianos, costumava sacrificar animais no altar.

É de pasmar!

Quanto aos rituais de magia negra, em que animais são sacrificados, seja a que motivo for, soubessem os implicados – encarnados e desencarnados – quão doloroso será o resgate, certamente não o fariam.

Ao morrer, os animais sentem – embora não o entendam – a maldade que os atinge, provocando-lhes tanta dor; seu pavor e desespero impregnam a carne de toxinas e liberam, à sua volta, fluidos espirituais deletérios; os desencarnados infelizes e ainda jungidos às coisas grosseiras da matéria absorvem tal matéria astral, com a qual seus perispíritos ficam igualmente impregnados; os encarnados têm registrado em seus espíritos, como débito, a violência que infligiram ao animal. No futuro, uns e outros terão que eliminar do seu envoltório espiritual tais resíduos negativos, motivados pela culpa. E isso, infelizmente, só será possível com a dor, sendo certo porém que Deus, na Sua Misericórdia Infinita, alivia tal pesado fardo, oferecendo redobradas oportunidades de minimização do passivo, com ações no bem em favor do próximo.

Casos de holocaustos humanos são esporadicamente noticiados (quase sempre crianças sendo sacrificadas em rituais macabros). Espíritos sensíveis e outros mais afeitos às tragédias do dia-a-dia espantam-se todos ante tais atrocidades, sendo que até mesmo os psicólogos não encontram vazante mental que sequer as explique, menos ainda as justifique.

Aqui a serenidade impõe outras análises, coibindo julgamento precipitado, que recomende a pena de morte para os agentes.

Esses pungentes dramas vistos pelo Espiritismo têm vários componentes, dentre os quais destacamos:

– condenações:

nenhum de nós tem conhecimento pleno do nosso passado, de nossas vidas anteriores, em cujos porões talvez existam registros de ações tenebrosas que tenhamos praticado; por isso, melhor será ouvir Jesus e não "atirar a primeira pedra"...

– os agentes:

não são apenas os encarnados; provavelmente, há espíritos desencarnados partícipes, até em maior número; todos, porém, com um traço em comum – grande atraso moral que os impede de dimensionar o mal que praticam;

na maioria dos casos os espíritos desencarnados agem por vingança – direta ou indireta; diretamente, devolvendo mal igual que tenham sofrido, em vidas anteriores, por ação ou sob responsabilidade da vítima de hoje; indiretamente, para atingir familiares e amigos, que os tenham igualmente feito sofrer, em vidas passadas; quanto aos encarnados, agentes físicos, muitas vezes são simples instrumentos daqueles vingadores invisíveis, aos quais se ligam por sintonia de moral deficitária;

pela Lei Divina de Justiça – ação e reação – terá o agente do crime que resgatá-lo, ocorrendo o resgate segundo os mecanismos celestiais da reencarnação, podendo isso projetar-se para um futuro distante, já que o "tempo tem tempo" e os espíritos têm a eternidade; tal, "justificaria" tantos dramas observados na humanidade, onde criaturas "inocentes" sofrem crueldades inomináveis; e, ainda, como certeza maior, elimina a necessidade material da pena de morte do criminoso, eis que o equilíbrio entre o bem e o mal se processa por meios naturais, divinos; aqui cabe anotar que encarnados e desencarnados participantes de tais atos, mesmo que perifericamente, terão que resgatar a mesma parcela de responsabilidade que tenham assumido.

A propósito da Bondade Divina, recordamos São Luiz na valiosa resposta à questão nº 1.004 de *O Livro dos Espíritos*:

"... Sendo o estado de sofrimento ou de felicidade proporcional ao grau de purificação do Espírito, a duração e a natureza dos sofrimentos do culpado dependem do tempo que ele gaste em melhorar-se. À medida que progride e que os sentimentos se lhe depurem, seus sofrimentos diminuem e mudam de natureza."

– a vítima:

considerando que através dos perfeitíssimos mecanismos de Justiça que regem a Vida jamais Deus permitiria dano a um inocente, há que se imaginar (mesmo que seja difícil e penoso) que a vítima está, na verdade, resgatando débito; se nada há na presente existência que justifique tal dívida, necessariamente ela tem que estar num único ponto possível – no passado! Assim equacionado, tão dolorido problema passa a ter outra conotação – a de que o devedor libertou-se de pesado fardo, por ele mesmo colocado em suas costas.

OS ANIMAIS E O SAGRADO DIREITO À VIDA

As pesquisas científicas e os matadouros

Conquanto existam descobertas médicas que têm beneficiado a transferência de aprendizados farmacológicos e mesmo de transplantes, na relação animal-homem, às vezes ocorrem insucessos e inevitáveis acidentes, sempre indesejáveis.

Tais fatos são irrecorríveis.

Inescapável questionar se, excluído todo e qualquer auxílio advindo das conquistas científicas com experiências animais, o doente humano não poderia ser tratado de outras formas (fármacos minerais/vegetais, medicina nuclear, medicina alternativa, fitoterapia, homeopatia, psicoterapia, etc.).

Animais mortos em laboratórios ou em matadouros: quem tem esse direito e quem está com a razão?

Dos laboratórios saem curas para doenças e dos matadouros saem apetitosos filés...

Fato-verdade: em ambos os casos animais são sacrificados.

A oposição-contenda permanece e recrudesce:

– Quem aprecia um bom contrafilé, churrasco ou "picanha", ou uma costela bem assada, ou um lombinho, ou uma suculenta feijoada, ou um "galleto al primo canto", ou um "frango a passarinho", ou uma canja, ou uma deliciosa peixada – absolutamente não se enrubesce em criticar o fim (nobre, para os cientistas) das cobaias em geral.

– Já os pesquisadores espantam-se ante os críticos de seus trabalhos.

No tocante à inflição de dor e ao sacrifício das cobaias, fatos esses nem sempre presentes em todas as experiências, mantêm incólume sua motivação. Consideram seu ideal científico no patamar de missão humanitária. Desconsideram reclamos dos defensores dos animais, julgando-se, eles próprios, vítimas – de intolerância, quando não de ignorância.

Como quase todos os assuntos polêmicos na vida, neste é necessária muita ponderação, antes de quaisquer julgamentos, favoráveis ou contrários.

Podemos estar equivocados mas pensamos que os cientistas, no consciente, agem com honestidade de propósitos, vez que seu objetivo é filantrópico, não só para a Humanidade, como também para os próprios animais.

Assim, a comunidade científica considera benéfico e mesmo altruístico o seu trabalho.

Sua consciência repousa em paz.

Na equação oponente às pesquisas com animais, todos aqueles que eventualmente se alimentem de carne não podem, apenas por isso, ser demitidos do direito de oposição.

Tamanha é atualmente a dependência alimentar da carne que os povos dela privados, seja por pobreza (alguns países da África), seja por religiosidade (Índia), se debatem em penoso estado de míngua.

– O que aconteceria ao mundo se repentinamente nenhum animal fosse jamais consumido?

Certamente seria o caos, em termos de saúde pública, eis que a dieta protéica de carne (principalmente de bovinos) é tão transcendental quanto insubstituível costume de bilhões de pessoas.

Além disso, há outro problema: o homem, para prover seu sustento de carne, espalhou incontáveis pastos, multiplicando assim o número de animais sobre a superfície do planeta; na hipótese considerada, tais animais continuariam se reproduzindo e aí, a breve tempo, como supri-los de vegetais nas proporções necessárias?

Apenas como ligeiro comentário, eis o número de espécies vivas que Deus – a Inteligência Suprema do Universo – programou para esta grande casa que é o nosso mundo:

Animais

– Protozoários (uma só célula).......... 30.000
– Metazoários (pluricelulares)
Invertebrados.................................. 820.000
Vertebrados
. peixes, anfíbios, répteis, aves.... 46.600
. mamíferos................................. 4.400

Vida: Segundo idéia generalizada dos paleobiólogos, aproximadamente há 3,8 bilhões de anos, iniciou-se a vida, ligada a uma "sopa primordial", ou seja, região pantanosa, quente, onde moléculas simples foram se ajuntando.[1]

– No período cambriano (570 a 510 milhões de anos atrás), é provável que os animais tenham atingido a classe dos moluscos. Os invertebrados eram os animais mais evoluídos, habitantes dos mares de então.

– No período devoniano (390 a 345 milhões de anos atrás), começaram a surgir os vertebrados mais primitivos.

– No período paleogeno (há cerca de 65 milhões de anos), iniciava-se a evolução dos mamíferos, surgindo os placentários.

Sabe-se hoje que os animais representam 3/4 da biomassa terrestre. Dessa biomassa, 15% são de formigas! Com seu fascinante e extremamente bem organizado sistema de vida, as

---

[1] Fonte: *Impulsos Criativos da Evolução*, Jorge Andrea dos Santos.

formigas, na verdade, são canalizadoras de energias, no pioneiro trabalho de arar a terra, o que as situa em destaque na fauna dos insetos.[2]

O homem

O homem foi o último a chegar no planeta, em termos de espécie animal.

As fantásticas mutações, transformações, extinções e novas criações de espécies parecem ser o monumental trabalho da Vida, preparando a Terra para o advento do seu mais evoluído inquilino: o racional!

Do período Plioceno (terrenos que formam o sistema da Era Terciária), há mais de 5 milhões de anos, ao Pleistoceno (terrenos que formam o sistema da Era Quartenária), há 1,8 milhões de anos, já os animais antropóides (semelhantes ao homem) eram prenúncio dessa chegada.

Com efeito, o primeiro homem, "Homo habilis", apareceu *há apenas* dois milhões de anos. Seguiu-se-lhe o "Homo sapiens", que apareceu *há apenas* 400 mil anos; este, diversificou-se em "Homo sapiens neanderthalensis" (há 80 mil anos) e, há 30.000 anos, em "Homo sapiens sapiens" – nós!

Em termos de evolução humana, não há conhecimento que consiga explicar a fantástica sabedoria da Natureza, que agindo permanentemente, ao longo dos milhares de milhões de anos, povoou a Terra com a colossal fauna que nela habita!

E sempre transformando e adaptando as espécies, de acordo com as novas características ambientais que sempre mudam!

---

(2) Fonte: *The Ants*, B. Hölldobler e E. O. Wilson.

Já se vê que o uso de animais em pesquisas de laboratórios, bem como o sacrifício deles para transformarem-se em alimentos, merece mais profundas reflexões.

Em primeiro lugar cumpre situar o planeta Terra e toda a vida nele existente como criação de uma causa inteligente – Deus – para a maioria dos homens.

Balizando automaticamente a convivência entre as espécies vivas, a Natureza dotou todas com instinto de conservação, mobiliou os respectivos organismos com o necessário para viverem e procriar. Situou as espécies estrategicamente em diferentes "habitats", plenos de recursos para a vida e a sobrevivência.

O homem, o ser inteligente da Criação, modificou o panorama terrestre, em razão de suas necessidades – alimentação de carne, inclusive.

Um quadro mundial de alimentação puramente vegetariana demandará ações em etapas equilibradas para essa profunda transição, onde a inteligência seja igualmente empregada, agora a benefício da naturalidade.

Ora, cabe refletir se o homem, na busca do seu conforto, ou sob qualquer outro pretexto, tem o direito de dispor da vida de seus ancestrais, ou de qualquer outro ser vivo.

Abstraindo do pensamento mundial qualquer conceito ou corrente filosófica, a Lógica dirá que ***não***, eis que a morte é fenômeno irrecorrível, tanto quanto a Vida é prerrogativa que exclui da capacidade humana a reposição daquilo que tenha subtraído.

Em outras palavras: Somente ao Criador compete o estatuto da Vida!

PROTEÇÃO AOS ANIMAIS

Desde os tempos remotos os animais vêm encontrando dificuldades em sua convivência com o homem; porém, não menos verdade é que também, desde sempre, vozes isoladas ou grupos humanos têm se erguido em sua defesa.

Vejamos alguns exemplos:

Religiões e Religiosos

Velho Testamento

As Escrituras Sagradas estão repletas de citações referentes aos animais. Sem nos alongarmos, vamos buscar em Moisés a recomendação celestial do "Não matarás" (5º Mandamento), de meridiano entendimento: a morte, de *qualquer* ser vivo, jamais deverá ser provocada.

No Apocalipse 4: 6 a 11 e 5, quatro seres viventes à volta do Trono de Deus glorificam-no sem descanso; são semelhantes, respectivamente, ao leão, novilho, homem e águia em vôo. Considerando que Deus criou, ama e protege todos os seres que criou, a citação valoriza os animais, deixando límpido que junto ao Criador não estão apenas anjos...

Jesus

Jesus várias vezes se referiu aos animais de forma bondosa, como em Mateus 10:16, enaltecendo a prudência das serpentes e a simplicidade das pombas; na parábola da ovelha perdida configura o zelo e principalmente a estima do pastor pelos animais do seu rebanho. Se alguma vez comparou homens a animais, como quando Herodes queria matá-lo e o Mestre chamou-o de raposa (Mateus, 13:32), foi sempre no sentido figurado. Em socorro dessa tese – bondade de Jesus para com os animais – temos no livro *A Gênese*, de Allan Kardec, cap. XV, nº 34, sugestiva opinião dissolvendo a notícia evangélica de que o Cristo teria autorizado demônios (espíritos obsessores) a "entrar" em porcos, após o que a manada atirou-se ao mar, perecendo. Em síntese, comenta Kardec que, além de manadas de porcos não serem comuns junto aos judeus, jamais scria possível um Espírito humano animar o corpo de um animal (ainda mais 2.000 porcos, como quantificou Marcos, em 5:13).

São Francisco de Assis

Francisco de Assis, Espírito iluminado, todo mansidão e pureza, é o exemplo máximo terreno de amor aos animais. Não só aos animais: a tudo criado por Deus! Sua vida apostolar teve como tônica o amor aos homens, aos animais, aos vegetais, aos minerais, aos astros e aos elementos naturais. Sua existência constituiu modelo de procedimento ecológico para as gerações futuras.

"Pai Francisco", como era carinhosamente chamado por seus companheiros e seguidores, a nosso ver, guardadas as proporções, representa para os animais e para a natureza o que Jesus representa para os Espíritos humanos e para a Terra.

São Basílio

Na liturgia de São Basílio (329/379), padre da Igreja grega, bispo de Cesaréia da Capadócia – região central da antiga Ásia Menor – brilhante centro do cristianismo, encontramos essa belíssima oração:

Oh! Senhor!

Aumenta em nosso interior o sentido da amizade com todos os seres que têm vida, nossos pequenos irmãos a quem Tu deste a Terra como seu lugar, junto conosco.

Recordamo-nos envergonhados que no passado exercemos o domínio superior do homem, com desapiedada crueldade e assim a voz da Terra, que deveria ter subido até Ti em canções, tem sido um lamento.

Oxalá nos demos conta que eles vivem não somente para nós, senão para eles e para Ti, e que eles amam a doçura da vida, da mesma forma como a amamos e te servem a Ti melhor, em seu meio, do que nós no nosso.

Islamismo

No *Alcorão*, livro sagrado de cerca de 800 milhões de muçulmanos, em 40 países, representando a palavra textual de Deus – o Clemente, o Misericordioso –, encontramos incontáveis citações de que os animais são criação divina. Deus criou os animais para que servissem de cavalgadura, de transporte, de aquecimento ou de alimento para os homens.

Nas *suras* (capítulos) e versículos que se referem aos animais, só transparece bondade e respeito para com eles. O emprego de animais, como transporte ou como alimento, é definido de forma clara, havendo várias proibições. É notável como o texto do Alcorão recomenda a proteção de Deus sobre os animais, mesmo quando necessários como alimento. E, nesse caso, quando forem destinados a alimento, que parte seja dada aos humildes e aos mendigos.

Considerando que o texto corânico representa a lei civil, penal e moral para os muçulmanos, é indubitável que os animais que os servem têm o tratamento nele preconizado.

Apenas como exemplo, vejamos parte da Sura nº 5, versículos 1, 3 e 4:

"É-vos lícita a carne dos animais, exceto a que aqui vos é especificamente proibida.

São-vos vedados o animal morto, o sangue, a carne de porco e os animais imolados sob a invocação de outro nome que não o de Deus, os animais estrangulados, os animais mortos por espancamento ou de queda ou por chifradas e os devorados por feras... São-vos também vedados os animais sacrificados aos ídolos. São-vos permitidas todas as coisas boas bem como os animais caçados pelas aves e as feras por vós adestradas segundo os ensinamentos de Deus. Mas invocai Deus sobre eles."

Pensadores

Vultos célebres da humanidade também se expressaram em defesa dos animais:

"A proteção aos animais faz parte da moral e da cultura dos povos."

Victor Hugo

"A civilização de um povo se avalia pela forma por que trata os animais."

Humboldt

"A compaixão para com os animais é das mais nobres virtudes da natureza humana."

Charles Darwin

"Se eu tivesse outra vida dedicá-la-ia inteiramente à luta contra a vivissecção."

Bismark

"Entre a brutalidade para com o animal e a crueldade para com o homem, há uma só diferença: a vítima."

Lamartine

"Ninguém se pode queixar da falta de um amigo, podendo ter um cão."

Marquês de Maricá

"Falai aos animais, em lugar de lhes bater."

Tolstoi

"– Por que é que o sofrimento dos animais me comove tanto?

– Porque fazem parte da mesma comunidade a que pertenço, da mesma forma que meus próprios semelhantes."

Émile Zola

"São Francisco de Assis os chamava de Nossos Irmãos Inferiores, porém, inferiores somos nós quando não os estimamos."

Clóvis Hugues

"O erro da ética até o momento tem sido a crença de que só deva aplicar-se em relação aos homens."

Dr. Albert Schweitzer

Finalizando as citações, *Abraham Lincoln*: "Não me interessa nenhuma religião cujos princípios não melhoram nem tomam em consideração as condições dos animais".

JESUS:
A LEI DO AMOR E OS SENTIDOS

Pesa-nos trazer para o papel este capítulo; o cérebro se agita, o coração dói, a alma sofre...

Mas é necessário.

Seria covardia, omissão no mínimo, não gritar bem alto contra tanta iniqüidade praticada com os animais. Ante a maldade, sob que rótulo se apresente, não se pode fugir e, qual avestruz, "enterrar a cabeça na areia", "resolvendo" assim o problema, de forma tão enganosa.

Considerarmos indispensável narrar aqui, crueldades para com os animais, constitui nosso vigoroso grito de repúdio e dó, de espanto e incredulidade, ante ações que desmerecem a razão, rebaixam o espírito e denigrem a espécie humana – dita racional.

Que nosso libelo ecoe nos corações endurecidos fixando neles, ao menos, sementes de respeito, quando de amor possível ainda não seja.

Animais são criaturas de Deus: nossos irmãos, pois!

A crueldade humana para com os animais é praticada de inúmeras formas.

Vejamos uma, tão-somente: matadouros.

Matadouros

"Até o papel deve sentir vergonha ao receber as letras que formam essa história" (expressão do Espírito Sinhozinho Cardoso, descrevendo inacreditável crueldade, no livro *Além do Ódio*).[1]

---

[1] Editora Fonte Viva, 1971, Belo Horizonte, MG, 4ª edição, pág. 200.

É exatamente isso que também sentimos ao descrever os horrores dos matadouros.

Fortalece-nos intenso desejo de que tal seja um alerta, capaz de, sob os cuidados de Deus, sensibilizar a quem de direito possa modificar tão triste realidade: a crueldade nos matadouros.

Diz-nos a revista *Veja* de 18 de Março de 1992 (resumidamente):

No Brasil são abatidos, anualmente, todos com requintes de crueldade:

- 13 milhões de bois;
- 10 milhões de porcos;
- 943 milhões de aves.

Seu transporte até o matadouro se dá em condições mínimas de respeito, para nem sequer lembrar algum conforto: são empilhados em caminhões. Ao chegar, são tangidos ao abatedouro por choques elétricos que os empurram adiante. Quando caem no chão são arrastados pelas patas até o local do abate, onde recebem o doloroso golpe de misericórdia: de 1 a 23 golpes de marreta na cabeça (porcos e bois), até perderem os sentidos; quando não é marreta é uma estocada na testa com uma lança conhecida como choupa.

Em 1992 o Governo paulista sancionou uma lei[2] que cuida de todas as etapas do abate, de forma que cause menor dor, através de um dos três métodos de insensibilização prévia:

- tiro de pistola de ar-comprimido na testa do animal;
- choque elétrico;
- asfixia por gás carbônico.

---

[2] A lei a que se refere a reportagem é a Lei nº 7.705, de 19 de fevereiro de 1992 (D. O. Est. SP. de 20 de fevereiro de 1992).

As exigências dessa lei foram previstas para entrar em vigor 12 meses após sua publicação, isto é, março/93, podendo haver prorrogação por mais 12 meses, a pedido do interessado.

Os dispositivos dessa lei colidem com a tradição e a cultura de árabes e judeus, para os quais os animais só podem ser retalhados e ir para a desossa após a perda total do sangue.[3] Para os árabes, exige ainda a tradição que os animais sejam abatidos deitados e com as patas voltadas para Meca.

Como o Brasil é fornecedor de carne para aqueles povos, pode ser que algum frigorífico instalado em São Paulo se transfira para outros Estados. Esse talvez seja o empecilho para que o Brasil, em nível federal, aprove lei similar à paulista, conclui a reportagem.

Atualmente, o método do abate por marreta praticamente já foi abandonado. Primeiro, pela grita dos protetores dos animais, segundo, porque danificava os miolos dos bois...

As exportações brasileiras de carne bovina em 1992 foram de 434 mil toneladas, sendo 72% industrializadas e o restante "in natura"; desse total, o Estado de São Paulo responde por 80%; a receita chegou a US$ 619 milhões.[4]

Quanto ao abate de cavalos, há alguns anos a imprensa noticiou a crueldade de alguns matadouros, causando comoção nacional.

A matança descrita atingia proporções bestiais:

– 12 horas antes do abate eram privados de água e alimento, para amaciar a carne;

---

[3] Quanto aos judeus, acrescentamos que há mais de 3.000 anos abatem os animais (bois e aves) no ritual denominado "kasher", por degola, sendo usadas facas longas, bem afiadas: o golpe tem que ser certeiro, cortando carótidas, jugular, esôfago, traquéia e nervos – tudo sob a assistência de um rabino, que aprovará ou não o aproveitamento da carne, caso não seja constatada nenhuma anomalia nos órgãos (pulmão e vísceras). Em nenhuma hipótese o animal poderá ser submetido a sofrimento prolongado, devendo a morte ocorrer instantaneamente. (*Folha de S. Paulo*, 28 de março de 1992).

[4] *Folha de S. Paulo*, 16 de março de 1993.

– eram conduzidos molhados a um corredor e dali tangidos com choques elétricos de 240 volts;

– a seguir, uma pancada na cabeça, tonteando-os;

– animal ainda vivo, as patas eram cortadas, com machado ou tesoura grande, de forma a esgotar todo o sangue;

– ainda vivo, com ferimentos terríveis, o animal era colocado em uma estufa para suar e com isso eliminar o "mal educado" cheiro de cavalo de sua carne;

– Quem suportaria presenciar tais cenas?

Várias denúncias foram feitas, à época, levando personalidades diversas a protestar veementemente contra tamanha barbaridade.

A União Internacional Protetora de Animais (UIPA), em particular, empenhou-se a fundo em combater essa ignomínia.

Carlos Drumond de Andrade (1902-1987), o mais importante poeta brasileiro do século XX, revoltado ante tais fatos, amplamente noticiados pela imprensa na década de 70, conclamou os donos de tais abatedouros a seguir o exemplo da Suíça, Áustria, Bélgica, Inglaterra e ex-Alemanha Federal – morte sem dor aos animais. Seu libelo foi publicado em *City News*, de 27 de novembro de 1977.

Praza aos Céus que isso não exista mais!

Pois é: concluímos este capítulo.

Ao escrevê-lo nossa alma quedou-se machucada, coração em prantos.

Já que falamos há pouco de um poeta, relembramos, a propósito, o poeta português Antônio de Macedo Papança, 1º Conde de Monsarás (1852-1913):

"...................

Senhor...!

Como escrever o resto?!

Cai-me a penna (sic) da mão, perturba-se-me a vista..."

O presente capítulo não foi fácil, pois os fatos nele contidos põem a descoberto um ângulo negativo do patamar evolutivo espiritual do mundo em que vivemos – nada lisonjeiro.

Como alerta e alento, indispensável relembrar o Mestre Kardec:

"Quando a lei de amor e de caridade for a lei da Humanidade, não haverá mais egoísmo; o fraco e o pacífico não serão mais explorados, nem esmagados pelo forte e pelo violento. Tal será o estado da Terra quando, segundo a lei do progresso e a promessa de Jesus, ela tornar-se um mundo feliz, *pela expulsão dos maus.*"[(5)]

Essa recomendação – a da igualdade entre fracos e fortes – pode perfeitamente enquadrar as crueldades de que são vítimas os animais e que infelizmente não são raras, no sentido de que cessem, sob pena de banimento dos agentes.

Quem são os maus?

Nenhum de nós tem o direito de julgar quem o é: a consciência de cada um, e somente ela, tem essa atribuição.

Concluímos com Jesus:

– "quem tem olhos para ver que veja e quem tem ouvidos de ouvir que ouça..."

(5) Em *O Evangelho Segundo o Espiritismo*, de Allan Kardec, cap. IX, nº 5; o grifo é do autor.

AMOR E
RESPEITO AOS ANIMAIS

Qualquer pessoa pode ser protetora de animais.

No dia-a-dia de todos nós, animais compõem a paisagem e, com pequeninos gestos de amor, poderemos agir em benefício deles.

Não custa nada amar aos animais e necessariamente o retorno desse amor se fará presente em nossas vidas.

Passamos a enumerar algumas situações nas quais nossa opção preferencial de amparo e respeito aos animais se constituirá numa atitude digna e principalmente cristã:

Educação infantil

Conta-se que Licurgo foi convidado a falar sobre a educação. O grande legislador de Esparta aceitou, mas pediu um ano para preparar o material que iria apresentar.

– Por que um homem tão sábio ocuparia tanto tempo para compor simples exposição de idéias?

Exigência aceita, prazo cumprido, ei-lo diante da multidão que compareceu para ouvir-lhe os conceitos. Trazia duas gaiolas. Numa estavam dois cães; duas lebres na outra.

Sem nada dizer, tirou um animal de cada gaiola, soltando-os. Em instantes o cão estraçalhou a lebre.

Libertou em seguida os restantes. O público estremeceu, antevendo nova cena de sangue. Surpresa: o cão aproximou-se da lebre e brincou com ela. Esta correspondeu, sem nenhum temor, às suas iniciativas.

– Aí está, senhores – esclareceu Licurgo –, porque pedi prazo tão extenso, preparando esses animais. O melhor discurso é o exemplo. O que mostrei exemplifica o que pode a educação, que opera até mesmo o prodígio de promover a confraternização de dois seres visceral e instintivamente inimigos.[1]

Se é possível educar animais, mesmo antagônicos, levando-os à convivência pacífica, naturalmente será possível educar as crianças, incutindo-lhes desde cedo o respeito devido a Deus, aos semelhantes e à natureza – fauna e flora.

A criança, em particular, em casa, na escola e na sociedade, deve ser esclarecida quanto às normas cristãs de amor e respeito, aí incluindo-se os animais. Deve ser enfatizado que maus-tratos aos animais embrutecem o homem, pois isso é crueldade, que em nada dignifica a alma. As crianças são sensíveis ao aprendizado e, se lhes for demonstrado que os animais sentem dor como nós próprios, certamente serão protetoras de animais por toda a vida.

O inevitável sacrifício de animais para servir de alimento, em hipótese alguma pode se revestir de pavor, crueldade e dor para com eles: a maneira deve ser a mais rápida e menos indolor possível. Quanto a insetos daninhos (moscas, mosquitos, baratas, escorpiões, etc.) devem ser eliminados mas sem características de crueldade, isto é, de um golpe só.

A criança deve ser informada que tais insetos não são "inimigos", mas, sim, seres criados também por Deus: vivendo em rudimentar estágio, estão na Terra em razão de este planeta também abrigar outros seres – nós, inclusive – todos em processo de evolução. Em mundos felizes, certamente, inexistem tais nocivas criaturas, aqui, meros instrumentos consentâneos com a evolução terrena.

A exemplo do que já acontece em outros países, de todo recomendável seria a criação, nas escolas, dos chamados

---

[1] Transcrito de *Reformador*, Rev. de Espiritismo Cristão, editada pela Federação Espírita Brasileira, janeiro de 1993.

"Grupos de Proteção aos Animais" ou "Grupo de Assistência aos Animais"; pertencer como sócio a um desses grupos é dignificante para a criança, para a família e para a Pátria; com seriedade e ardor, semelhantes aos dos escoteiros que protegem os seres indefesos, os sócios desses grupos muito poderão fazer pelos animais, usando sua natural energia e criatividade.

Como sugestão, o coordenador pedagógico ou educador responsável pelo Grupo poderá designar, para cada espécie animal, uma equipe de "advogados de defesa". A(s) criança(s) proporia(m), na escola toda, algumas questões do tipo:

– como devem ser tratados os cavalos? e os cães? e os gatos?

– você sabia que os sapos são extremamente úteis aos jardineiros e na roça, pois comem pragas?

– você já pensou no benefício que os urubus, gaviões e crocodilos fazem ao homem, comendo animais mortos? pois, do contrário, esses restos mortais poderiam contaminar o meio ambiente?

– quem gostaria de morar a vida toda numa gaiola ou numa jaula?...

Conquanto a educação aqui preconizada refira-se à criança, esforços deverão também ser envidados – por todos os segmentos sociais, principalmente os escolares e religiosos para que os adultos dêem o exemplo.

Piedade

O sentimento de piedade demonstra elevação espiritual, principalmente quando seguido da respectiva ajuda para a cessação da causa do sofrimento.

Só que se deve sentir piedade, não apenas por semelhantes, mas também pelos animais. A emoção piedosa será a mesma, em ambos os casos.

A piedade antepõe-se vigorosamente à crueldade, obstando-a, quando não a eliminando.

Tanto a piedade quanto a crueldade têm a propriedade de se multiplicar; por isso, melhor será sempre incrementar aquela, com isso banindo esta.

A piedade é a ante-sala do Amor, assim como a crueldade o é da violência.

Animais abandonados

Cães e gatos, principalmente, "sem casa", perambulando perdidos pelas ruas, famintos, arredios, apavorados, nascem pelos mesmos mecanismos divinos da vida, dos demais seres vivos, estando em árduo processo evolutivo.

Merecem nossa compaixão e mais que isso: merecem nosso apoio!

Sendo possível, devemos alimentá-los, jamais escorraçá-los.

Na hipótese de um animal estar acometido de hidrofobia (raiva), ele já não sabe o que faz. Está sofrendo. Normalmente, anda de cabeça baixa e em silêncio, triste. Espuma na boca pode significar duas anomalias distintas: ou "raiva" ou envenenamento cruel. Nesses casos, deve-se apelar para as autoridades municipais, que apreenderão o animal e, conforme o caso, por inevitável, o sacrificarão.

Cabe aqui lembrar que o mundo é lugar destinado também para os animais e isso é decisão divina. Negar-lhes tal direito conflita com o respeito a Deus.

O abandono de um animal é condenação certa. O autor desses dolorosos quadros que o cotidiano nos mostra, agindo irresponsavelmente, cedo ou tarde terá que prestar contas à sua consciência.

Eutanásia-animal

A revista mexicana *La Voz de los Animales* considera que o abandono de animais (de estimação) é para eles o pior castigo;

recomenda que é preferível proporcionar-lhes morte piedosa (se possível, sob cuidados de um veterinário).

Conquanto a admiração que nutrimos por aquela revista – toda ela dedicada à proteção dos animais –, respeitosamente discordamos. Discordamos porque, como cristãos, jamais poderíamos aceitar um ou outro procedimento, à guisa de tal ser imperativo. Se é ruim o abandono do animal que conviveu longos tempos sob a proteção do seu dono, pior será sua execução, quando tal proteção não mais seja possível. O fato é que não se deve descartar de um animal de longa convivência doméstica como se desfaz de um chinelo velho: qualquer argumento falecerá ante as regras da vida e da ética.

Morte piedosa do animal, talvez, só quando o veterinário atestar que traumas ou doenças sejam irreversíveis, além de acompanhadas de dores insuportáveis.

Obs.: Não podemos confundir fatos e nem devemos nos esquecer que no O Evangelho Segundo o Espiritismo, cap. V, nº 28, consta ser grave equívoco a eutanásia, sob o pretexto de carma sendo esgotado nos casos de doenças incuráveis, com desencarne previsto pela Medicina. O espírito humano tem aí (paciente terminal) preciosíssima oportunidade de reflexão e arrependimento, crescendo às vezes num minuto o quanto não o fez na vida toda.

Quanto ao animal, possuindo também uma alma, embora diferente da humana, não lhe é acometido carma (nem bom, nem mau – por não possuir livre-arbítrio), nem lhe ocorrem reflexão ou arrependimento, em qualquer instante, de atos praticados durante sua vida (por não possuir consciência). Dever cristão é que impõe ao dono ampará-lo até o último sopro de vida, para morrer em paz e para com gratidão ao ser humano chegar às regiões espirituais que Deus lhe concede.

Cemitério para animais

Aqui, muitas pessoas "gente boa" torcem o nariz quando ouvem falar nisso.

"Se os cemitérios já andam lotados com gente, era só o que faltava pensar em cemitério para animais..." – argumentam.

Não deveriam.

Enterrar animais, quando não seja por afeto, por respeito, que seja por questões de higiene ambiental, pois é extremamente perigoso que carcaças de animais mortos destilem líquidos virulentos, que podem infiltrar-se nos mananciais de água ou mesmo contaminar crianças ou outros animais, pelo contato.

Não podemos nos esquecer que os animais estão na face da Terra há mais tempo que o homem; até o aparecimento deste, a própria natureza se encarregava de dar fim adequado aos animais mortos: quando nas águas, serviam de alimento a outros animais (crocodilos e peixes em geral); quando em terra, os animais mortos serviam de pasto a predadores, a animais carnívoros, ou às aves "faxineiras" (urubus, gaviões, etc.). Em regiões silvestres, isso ainda ocorre e provavelmente sempre continuará a ocorrer. Posteriormente, com a presença do homem, algumas espécies animais vieram (ou foram trazidas...) para sua companhia, passando a viver e a procriar em cidades. E, nas cidades, inexistem aqueles meios naturais de dar fim às carcaças dos animais mortos (referimo-nos, aqui, particularmente aos animais domésticos). Por essa razão, passou a ser responsabilidade humana, única e exclusivamente, o conveniente destino dos cadáveres de animais das cidades: enterrá-los.

Em Tóquio, num templo zen-budista, todos os dias são realizados enterros de bichinhos de estimação: os ritos para animais começam com toques de sinos, para buscar a presença de Buda, e com um sacerdote de cabeça rapada entoando os sutras; é assim que "outra alma inicia sua longa jornada para o nirvana". O sacerdote informou que no Budismo "todas as coisas vivas são capazes de alcançar a condição de Buda"; e concluiu: "nossos ritos a favor dos animais são idênticos aos feitos para os humanos".

O Templo, em Jikkein, subúrbio de Tóquio, crema cerca de dez mil animais todo ano.[(2)]

Notas:

– Nos anos 50 foi inaugurado um cemitério para animais no Rio de Janeiro, então capital brasileira, fato que de pronto teve aceitação dos cariocas, bem como numerosos "inquilinos". Um assessor especial da Prefeitura do Rio de Janeiro propôs (maio/93) a privatização de 63 bens, empresas, entidades e serviços cariocas, neles incluído o Cemitério de Animais Jorge Vaitsman, na Mangueira, Zona Norte do Rio. Desse fato podemos concluir que cemitérios para animais, inclusive, podem ser lucrativos, desde que administrados por empresas particulares.

Agressões e defesa

Se uma pessoa estiver maltratando um animal deveremos intervir, jamais nos omitir – intervenção por altruísmo, educação e amor à natureza.

– Como?

– Com brandura e educação, não piorando o ânimo do agressor, o qual, já exaltado, poderá se tornar mais rude ainda com o animal. Podemos tocar-lhe os sentimentos, lembrando que os animais:

– não raciocinam nem sabem falar...;

– sentem dor, sede e fome como nós;

– não têm "salário" nem "sindicato" onde possam se queixar.

Como argumento poderoso podemos citar que foi junto aos animais que Jesus se abrigou ao nascer, abrigo esse negado, ou pelo menos dificultado, pelos racionais, a Ele e a Seus pais.

---

(2) *A Cidade*, Ribeirão Preto, SP, 12 de agosto de 1993.

É BOM NÃO LEMBRAR...

A cada reencarnação o Espírito está em melhores condições do que na anterior – tal é a Lei Divina do Progresso (Evolução).

Quando encarnado, advertem os Instrutores Espirituais Bondosos, conveniente é que o homem não se lembre das vidas passadas, das quais, porém, mantém todo o acervo de erros e acertos, guardado como registro fiel nas profundezas da alma.

As tendências de cada pessoa demonstram com segurança quais as características desse acervo, falando alto suas atitudes atuais, humildes ou orgulhosas, de tolerância ou aspereza, de avareza ou desprendimento, de fé ou incerteza – enfim, de amor ou ódio...

Quando desencarna, muda todo o processo: é mostrado a cada ser, dentro do seu suporte emocional, o panorama íntimo que espelha sua conduta, desde que foi contemplado com a Essência Divina e se tornou homem, até a atualidade.

No período que permanece no Plano Espiritual tem acesso quase completo a todo o seu passado, vendo o que fez de bom e de infelicidades até ali e é assim que se predispõe a corrigir os erros. Então, implora por nova oportunidade, sempre concedida dadivosamente por Deus – quantas necessárias forem!

Ver o passado não é fácil e nessa empreitada o Espírito nunca está sozinho: acompanham-no Mensageiros Celestiais, instruídos, conselheirais, extremamente capacitados a dirimir dúvidas e a aduzir esclarecimentos.

Desta forma, alertado antes do retorno ao corpo físico, quanto à sua situação perante as Leis Morais, relembra e assume:

– no passivo: onde, quando, como, quanto, com quem, contra quem e por que errou;

– no ativo: ouvida a consciência, enriquece-o o simples entendimento da diferença entre o bem e o mal.

Aí, sempre com sua participação – e algumas vezes presentes alguns dos futuros circunstantes que dele se aproximarão ou com ele conviverão –, é projetado um planejamento reencarnatório, onde são definidos, em linhas gerais: onde, quando, como, com quem, duração, saúde, recursos materiais – tudo relativo a uma nova jornada terrena.

Homologado o projeto em Instância Espiritual Superior, para onde é previamente encaminhado, ocorre o nascimento de um novo ser humano – *novo*, por ser bebê, mas na verdade, *velho*, por ser Espírito de repetidas experiências iguais.

Nasce, esquecendo o passado.

E é bom mesmo que, enquanto encarnado, não se lembre dele.

De nossa parte, louvamos e agradecemos a Deus esse esquecimento – outra das incontáveis Dádivas Divinas.

– Pois, já pensaram se nós nos lembrássemos, por exemplo, de onde estávamos nos precisos anos de Jesus reencarnado?...

Apenas como suposição: Se nós, cristãos de hoje, saudamos o Mestre à sua entrada em Jerusalém e uma semana depois, no plebiscito mais infame da História, optamos pela sua crucificação, como nos sentiríamos?

É bom não lembrar...

Mil vezes preferível seria constatar que éramos, então, um dos animais da inesquecível manjedoura, os quais, com sua mansidão e com seu hálito receberam e aqueceram o Menino Jesus, ou mesmo o jumentinho virginal que O carregou na entrada de Jerusalém! Ou, ainda, aquele pobre galo que desiludido com a fraqueza humana cantou três vezes.

CONCLUSÃO

Os incríveis avanços da Ciência, em todas as áreas humanas, ultrapassaram todas as expectativas mentais. Quais deuses inacabados, cérebros ensandecidos pela tecnologia, os Espíritos humanos vêm palmilhando o macro e o micro, olhando o Universo pelas potentes lentes de fabulosos telescópios, ou percorrendo a vista no átomo, com não menos incríveis microscópios eletrônicos.

Mas não é feliz o homem!

Do "Titanic" aos superpetroleiros, do "l4-Bis" ao "Concorde", do buscapé ao "Saturno", do "Sputinik" ao "Challenger", do monjolo às usinas nucleares, das cabanas ao "World Trade Center" (edifício de 110 andares, 405m de altura, em Nova York, vítima de explosão criminosa em 26 de fevereiro de 1993, que por pouco teria causado tragédia incalculável), o rastro não é de felicidade.

Vencendo distâncias, pesos e espaços, aparelhos foram situados em órbita atmosférica, com capacidade para identificar, sem erro, os caracteres de uma placa de automóvel, em qualquer parte do planeta. Esses mesmos aparelhos, xarás da Lua, mas dela tão distantes na essência, prestam também benefícios mas simultaneamente arvoram-se em fiscais mundiais, de tudo e de todos, ofertando pontaria certeira a guerreiros, em não menos de uma oportunidade.

A tecnologia não conseguiu evitar que até aqui mais de sessenta mil objetos perdidos (fragmentos metálicos ou sucatas de propulsores, foguetes e satélites) tornassem perigosíssimo o trânsito espacial.

Saindo das tribos e das vilas o homem foi para as megalópoles, nenhuma delas oferecendo paz e tranqüilidade aos seus milhões de habitantes.

Aperfeiçoando veículos, mercê de incrível poder de trabalho concentrado nos motores, o homem consegue deslocar-se com velocidades incompatíveis à sua estrutura orgânica. Supera tal óbice com acessórios adequados, mas é com essa mesma velocidade que passa pela pobreza, sem sequer divisá-la: não vê favelas, indigentes, famintos, desesperançados não vê o próximo.

Não vê nem cadeias, nem vê escolas; não vê igrejas, nem hospitais...

Vê hospitais, sim, quando a Dor interrompe sua viagem; aí, entendendo que todo excesso, seja de velocidade ou de poder, é inconveniente, persigna-se e promete aos Céus que vai mudar...

Tudo isso no macro.

Quanto ao micro, não temos melhores fotos do que a realidade:

– a Informática, de potencial quase inconcebível à maioria das pessoas, incluindo seus próprios usuários, consegue colocar todo o conteúdo da Enciclopédia Britânica em apenas um disquete; a velocidade de acesso dos computadores passa a ser medida em milissegundos; os dados armazenados são contados em gigabyte (giga = unidade multiplicada 10 vezes); o chamado "efeito morph" (técnica de distorção de imagens feita com um programa matemático que vai trocando os vários pontinhos de uma tela por outros, até transformar as figuras) deslumbra milhões de telespectadores, de novelas e de anúncios de publicidade – carro vira tigre, mulher vira tronco de árvore, menino vira macaco, etc.; renovando a tecnologia dos computadores. Os hologramas (imagem tridimensional, capturada por filme), com seu fantástico efeito visual, cujas imagens parecem mudar de lugar conforme o ângulo de visão do observador, fazem com que nosso cérebro quase desminta os olhos;

– a Química fina, verdadeira revolução no mundo industrial farmacológico, no pós II Guerra Mundial, substituiu o método extrativo por processos de síntese; com a diversidade de novas moléculas, produzidas industrialmente, novos fármacos (princípios ativos dos remédios) inundaram o mundo, mas sob domínio financeiro das grandes potências; remédios, essências e fluidos passaram a ser fabricados pelos grandes laboratórios, e, como o mundo sempre aumenta sua densidade demográfica, não faltam fregueses (doenças e doentes);

– a Biogenética, onde explodem as descobertas e os resultados da engenharia da vida, área do maior interesse dos países desenvolvidos, já domina a sexagem de embriões e modifica a estrutura genética de seres vivos (animais, por enquanto...), para em seguida patentear o resultado – os chamados animais transgênicos; paralelamente, na agricultura, temos as sementes transgênicas, patenteadas, que já estão conferindo aos seus detentores incrível domínio sobre a produção de alimentos.

No entanto, os bois continuam dóceis e comendo capim; os cavalos, sob chibatadas públicas, puxando carroças, transportando cargas e pessoas, só comendo capim; cães, gatos e aves, com hábitos naturais modificados pela civilização dos seus donos, coercitiva e privacional por excelência, seguem suas vidas, uns felizes (será?), outros nem tanto.

Só o homem ainda não se convenceu de que a Natureza é mãe dos seres criados por Deus, homens e animais – por isso, todos têm lugar na Terra e direito à vida.

Deslembrando-se disso, o homem sofre amargores e dores.

Doenças julgadas banidas retornam, em recidiva inquietante e mais potencializada; novas patologias mórbidas surgem, com exponenciabilidade para a AIDS, que informa morte cruel e próxima, fazendo com que milhares de famílias se vistam de luto e dor, antes mesmo de o ser amado desencarnar.

Ao avizinhar-se o terceiro milênio emerge o Evangelho de Jesus, sobressaindo dessa sombria paisagem terrestre, onde povos desenvolvidos respiram o mesmo ar de populações miseráveis, onde nunca foi tão marcante o contraste entre riqueza e miséria, onde inteligências notáveis convivem com preponderantes níveis intelectuais baixos. Qual farol permanentemente aceso, o Evangelho oferece segurança a todos os navegantes humanos no Mar da Vida.

Nenhum naufragará, mantida a rota que a própria consciência indica e que esse bendito farol ilumina.

Jesus está no leme do grande barco que é o mundo.

A mensagem bíblica que noticiou sobre o dilúvio e Noé tem na atualidade especial significado para todos nós, convidando-nos a embarcar com o Mestre, em viagem tranqüila, rumo à nossa própria evolução espiritual.

Não custa nada cada um de nós ajudar ao menos um animal nessa viagem evolutiva.

Fica o convite.

BIBLIOGRAFIA

a. ESPIRITISMO

KARDEC, A.
- **O Livro dos Espíritos** (1ª Ed., na França: 1857)
- **O Livro do Médiuns** (1ª Ed., na França: 1861)
- **O Evangelho Segundo o Espiritismo** (1ª Ed., na França: 1864)
- **A Gênese** (1ª Ed., na França, 1868)

. Edições consultadas: Federação Espírita Brasileira (FEB), Brasília/DF
- **Revista Espírita**, Ano I – Março, Abril, Agosto – 1858

. Edições consultadas: I.D.E., Araras/SP

XAVIER, F. Cândido (Médium psicógrafo)
Pelo Espírito Emmanuel:
- **O Consolador**, 6ª Ed., FEB, Rio de Janeiro/RJ, 1976
- **Emmanuel**, 1ª Ed., FEB, Rio de Janeiro/RJ, 1937
- **A Caminho da Luz**, 13ª Ed., FEB, Rio de Janeiro/RJ, 1985

Pelo Espírito André Luiz:
- **Missionários da Luz**, 21ª Ed., FEB, Brasília/DF, 1988
- **Ação e Reação**, FEB, Rio de Janeiro.

XAVIER, F. C. e VIEIRA, W. (Médiuns psicógrafos)
Pelo Espírito André Luiz:
- **Evolução em Dois Mundos**, 11ª Ed., FEB, Brasília/DF, 1968

VIEIRA, W. (Médium psicógrafo)
Pelo Espírito André Luiz:
- **Conduta Espírita**, 3ª Ed., FEB, Rio de Janeiro/RJ, 1968

MAIA, J. Nunes (Médium psicógrafo)
Pelo Espírito Lancellin:
- **Iniciação-Viagem Astral**, 4ª Ed., Fonte Viva, Belo Horizonte/MG, 1987

Com Espírito Sinhozinho Cardoso.
- **Além do Ódio**, 4ª Ed., Fonte Viva, Belo Horizonte/MG

Pelo Espírito Kahena:
- **Canção da Natureza**, Fonte Viva, Belo Horizonte/MG

PEREIRA, Y. A.
- **Devassando o Invisível**, 7ª Ed., FEB, Brasília/DF, 1987

SANTOS, J. Andrea
- **Impulsos Criativos da Evolução**, 1ª Ed., Arte & Cultura, Niterói/RJ, 1989

PASTORINO, C. Torres
- **Técnicas da Mediunidade**, 2ª Ed., Sabedoria, Rio de Janeiro/RJ, 1973

ARMOND, E.
- **Mediunidade**, 14ª Ed., Lake, São Paulo/SP, 1973

BOZZANO, E.
- **Os Animais Têm Alma?**, ECO, Rio de Janeiro/RJ

DELLANE, G.
- **A Alma é Imortal**, 5ª Ed., FEB, Brasília/DF, 1987
- **A Evolução Anímica**, 6ª Ed., FEB, Brasília/DF, 1989

SCHUTEL, C.
- **Gênese da Alma**, 6ª Ed., O Clarim, Matão/SP, 1982

PIRES, J. Herculano
- **Agonia das Religiões**, 3ª Ed., Paidéia, São Paulo/SP, 1989
- **Mediunidade**, 2ª Ed., Edicel, São Paulo/SP

PERALVA, J. Martins
- **Mediunidade e Evolução**, 5ª Ed., FEB, Brasília/DF, 1987

MELO, J. Luiz
- **O Passe**, 4ª Ed., FEB, Brasília/DF, 1993

Revista **REFORMADOR**, FEB, Brasília/DF, Junho/87 e Janeiro/93
Jornal **O SEMEADOR**, FEESP, São Paulo/SP, Março a Agosto/92
Boletim Semanal **SEI**, Capemi, Rio de Janeiro/RJ, 30 de Janeiro de 1993

b. CIÊNCIA

BRANDÃO, M. Lira
- **As Bases Psicofisiológicas do Comportamento**, 1ª Ed., EPU, São Paulo/SP

B. HÖLLDOBLER (University of Würzburg/Alemanha) e E. O. WILSON (Harvard University, Cambridge, MA/EUA)
- **The Ants**, 1990, XIII

c. DIVERSOS

Almanaque **GUIA RURAL ABRIL**, Abril, São Paulo/SP, 1986
Revista **VEJA**, Abril, São Paulo/SP (números citados)
Revista **OS CAMINHOS DA TERRA**, Azul, Outubro/1992
Revista **LA VOZ DE LOS ANIMALES**, números, 33, 37, 38, 39, 40, 1983/1984, México, D.F.
Jornais diários (datas citadas):
- **Folha de S. Paulo**, São Paulo/SP
- **O Estado de São Paulo**, São Paulo/SP
- **A Cidade**, Ribeirão Preto/SP

Três livros incríveis de Eurípedes Kühl

SEMPRE HÁ UMA ESPERANÇA

Romance do
Espírito Roboels

Karen, belíssima moça, busca os bens materiais, como riqueza e glória a todo custo, nem que para isso tenha que machucar outras pessoas. Seu protetor ou "Anjo da Guarda" como é popularmente conhecido, é o narrador da história e sofre muito com as atitudes de sua protegida tentando por todos os meios levar Karen para o bom caminho. Será que ele conseguirá?

INFIDELIDADE E PERDÃO

Romance do
Espírito Josué

A infidelidade conjugal sugere, de início, prazer, porém, cedo ou tarde, a vida no incessante pulsar da realidade, sempre corretiva, implode o edifício erguido sobre o alicerce da paixão, deixando pessoas e famílias em escombros.
Neste romance você irá ver tais implosões, que infalivelmente ocorrem como conseqüência de todos os relacionamentos sexuais irresponsáveis.

FRAGMENTOS DA HISTÓRIA

Pela Ótica Espírita

Da criação do mundo aos dias atuais, o autor conta fascinantes **Fragmentos da História pela ótica espírita** com muita leveza e singularidade literária. Foram quase 5 anos de incansáveis pesquisas. Mais de 100 obras consultadas. Muitos especialistas ouvidos. Tudo isso para compactar milênios de histórias da humanidade às reflexões doutrinárias à luz do espiritismo.

Escreva para nós!

Diga o que você achou do livro que acaba de ler, faça seu comentário, assim você estará nos auxiliando a melhorar cada vez mais.

Obrigado.

Impresso na CROMOSET Gráfica e Editora Ltda. Tel/Fax: 271.0149 - 271.0324 271.8196 - 216.3325